JN082387

多数決は民主主義のルールか？

斎藤文男

花伝社

はじめに

「多数決は民主主義のルール」とされています。「みんなが多数決できめたことだから」とも言われます。

でも、ほんとにそうでしょうか。多数決なら、どんなことを、どのように決めてもよいのでしょうか。そんなことをとり立ててお考えになったことがありますか。

それを改めて考えてみようというのが、この本です。

国会では、しばしば強行採決がおこなわれます。野党は「多数の横暴だ」「民意を踏みにじるのか」と息まくものの、法案は可決・成立してしまいます。とうてい、多数決は民主主義のルールになっていそうもありません。なぜ、こんなざまになるのか——。そうした疑問が、わたしにこの本の筆をとらせました。

テーマは多数決と民主主義の関係です。が、これほどの大問題は筋道立てて考える必要があります。そこで、問題を小分けして、つぎのように考えを進めることにしました。本書の構成は、その思考順路に沿っています。

第1章　多数決と民主主義はどのような関係にあるのか。多数決は果たして民主主義に固有のルールなのか。ルソーとロックの議論を検討することから始めます。ルソーはラディカルな民主主義の理論家で、ロックは穏健な自由民主主義論者ですが、両者とも多数決を論じながら見解を異にしているからです。

第2章　民主主義は代議制民主主義として制度化されています。人民が選挙によって代表者を選出し、かれらで組織された議会が人民の「代表機関」として、多数決できめたことを「民意」とみなすのです。これは擬制《フィクション》にほかなりません。リアルにいえば、議会は存在する民意の反映ではなく、民意をつくり出す機関です。

第3章　民主主義とは人民の自己統治のことです。これに対して、多数決は多数の支配を正当化します。しかし、自由民主主義の憲法は多数の専制を抑止するため、三権分立、法の支配と人権保障を定め、違憲立法審査権を司法に付与しています。これは、多数決に制度上の限界があることを意味します。

第4章　では、多数決の限界はなにか。それは人権です。人間が生きるために不可欠な人権を、多数決で侵してはならないということです。ただし、その人権の範囲と保障の仕方は、時代と社会により変わらざるをえません。

第5章　国民投票（レファレンダム）は人民自身の多数決です。これは直接民主主義の一方式であって、多数決の結果は「民意」の直接的表明とされます。しかし実際には、短絡的で情動的なキャンペーンに惑わされ、民意が誤ることもあります。ヒトラーは独裁を正当化するため、国民投票を好んで多用しました。

第6章　もうひとつ、直接民主主義の方式とされるものにイニシアティヴ（国民発案・住民発案）があります。けれども、これは市民が議会に立法を促すだけで、たいていは無視されるか、ザル法でお茶を濁されるのが落ちです。必要なのはイニシアティヴではなく、市民立法運動です。筆者が経験を通じて得た教訓と課題を記しておきます。

結論　多数決は民主主義に固有のルールではありません。万能でもありません。人権保障の限界があります。わたしたちはその限界をわきまえ、多数決をうまく使いこなす必要があります。さもなければ、「民主主義」を口にしつつ、強権的権威主義に転落しかねないからです。

多数決は民主主義のルールか？◆目次

第1章 多数決と民主主義

1　多数決とはなにか

多数決の語義

わたしたちは日頃、多数決について考えることはまずありません。ものごとをみんなで決めるとき、当たり前のように多数決をとります。労働組合や町内会、スポーツの同好会や趣味のグループでさえ、大事なことは多数決できめるのが通例です。

こうして多数決がわたしたちの集団生活の不文律となったいま、改めて多数決とはなにか。多数決の功罪は？　など考えもしないのは無理からぬことでしょう。

しかし、ことが政治の場での多数決となると、ちょっと話が違ってきます。国会の審議では、対決法案をめぐって与野党がはげしく対立し、ときに紛糾します。が、最後には多数決で決着をつけます。そのさい、野党から「多数の横暴だ」「民意を無視するのか」といった声があがるものの、しょせんは引かれ者の小唄。強行採決だろうとなかろうと多数決には相違なく、法案は可決・成立してしまいます。

それだけではありません。政府側は野党の質問をはぐらかし、不都合な事実はもみ消し、ときには記録を改竄《かいざん》までして審議を形骸化します。これは、選挙で多数の支持を得た政権の驕《おご》りでしょう。このように議会審議がおろそかになり、まして採決に党議拘束がかかれば、表決を待たずとも結果は与野党の議席数で決まったも同然です。審議・表決の意味がありません。議会はただのセレモニー、茶番と化します。

ビアス『悪魔の辞典』にはこうあります。

投票　多数派が少数派に反抗の愚かさを思いしらしむるための単純なからくり。多数派はある固有の権利により統治し、少数派は主義ではなく、義務のため従うというのが、ややおつむの弱くなった多くのお偉ら方の考え方である。

これが風刺や警句ではなく、平凡な現実なのはなんとも悲しいことです。

まじめな辞書の代表格、『広辞苑』（第七版。岩波書店）で「多数決」をひくと――

会議などで賛成者の多い意見によって集団としての意思を決する方式。

これっきりです。素っけないほど簡潔です。要するに多数決とは、集団の意思決定の一方式であって、成員の多数の意見をその集団の意思とみなすことをいいます。多数決の語義は、これ以上でも以下でもありません。

多数決の原理

しかし実際には、多数決の語はもう少し政治的意味合いを込めて用いられます。たとえば「多数決は民主主義のルールだ」「多数決で民主的に決めたことだから、文句はあるまい」といった具合に。これは、多数決を民主主義に固有の意思決定方式と考えるからでしょう。

そこで、『有斐閣・法律用語辞典』（第三版）の「多数決」の項をみると――

団体ないし集団の意思決定をその構成員の多数の意見によって行うという原理又はこの原理によって団体ないし集団の意思決定を行うこと。多数決原理は民主政治の基本原則であるが、十分な討論が前提とされる。

この説明の前段は『広辞苑』と同じですが、後段で「多数決原理は民主政治の基本原則」であり、「十分な討論が前提」だと付け加えられています。しかし、なぜ多数決原理が民主政治の基本原則なのかについての説明はありません。

また、見田宗介・栗原彬・田中義久編『社会学辞典』（弘文堂）は「多数決原理」の項目を立てて、つぎのように説明しています。

決定形成参加者中の多数者の意志によって最終決定をおこなうという民主政治の基本的ゲームのルールの一つ。この場合、多数者が討論過程を通じて少数者の意志を尊重することが期待されており、ケルゼンは、この意味で多数決原理を多数‐少数決原理としてとらえた。また最近、決定を多数者と少数者の合意に基づかせるべきだとする合意型デモクラシーが、強く唱えられている。（内田満）

これは多数決の語義ではなく、多数決の「原理」についての説明です。そして、多数決を民主政治の意思決定のルールとしたうえで、討論過程における少数意見の尊重の必要性を強調しています。しかし、やはりここでも、多数決がなぜ民主政治における意思決定の基本ルールなのかについて説明はありません。それほど、多数決＝民主政治のルールは自明の理とされているのでしょう。

けれども、多数決＝民主主義のルールという定式は決して証明不要の公理ではありません。多数決は果たして民主政治に固有のルールなのか。もしそうだとしても、なぜなのか――これは古来、哲学者や思想家を悩ませてきた大問題です。

この問いに答えるには、多数決とはなにか、民主主義とはなにか、をはっきりさせる必要があります。そのうえで、両者の関係を明らかにしなければなりません。そうして初めて、多数決は民主政治のルールかとの問いに正しく答えることができるはずです。

まず、単純にこう考えてみていただきたい。多数決は、多数の意見を集団の意見とする意思決定方式です。多数決で負けた少数派は多数派に従わなければなりません。これは多数の支配です。もし民主主義が多数の支配を意味するのなら、多数決＝民主主義のルールの定式は成り立ちます。しかし、民主主義が多数の支配ではなく、人民の自己統治だとしたら、この定式はあやしくなります。多数は人民の全部ではなく、部分にすぎないからです。

じつは、多数決は民主主義のルールかとの問いは、民主主義とはなにかという問いでもあるわけです。民主主義をどのように理解し、多数決と民主主義との関係をどうみるかによって、答えはイエスともノーともなります。

2　ルソーの人民主権

民主主義は人民の自己統治

そこでまず、ルソーの民主主義論を手がかりに考えてみることにしましょう。一八世紀フランスの啓蒙思想家、ジャン＝ジャック・ルソー（一七一二〜七八年）は『社会契約論』（一七六二年）で透徹した民主主義の理論を築き、多数決についても論じています。かれは、民主政と多数の支配とをはっきり区別しました。

民主政という言葉の意味を厳密に解釈するならば、真の民主政はこれまで存在しなかったし、これからも決して存在しないだろう。多数者が統治して少数者が統治されるということは自然の秩序に反する。人民が公務を処理するためにたえず集っているということは想像もできない。

ルソーは、民主主義の原型を古代ギリシャの都市国家《ポリス》のような小さな政治共同体で成員が集会を開き、公事を決する直接民主主義に見ていました。

もっとも、ポリスでは奴隷と女性は政治に関与できず、統治者はたいてい土地や財産のある名門の出身でしたから、これは一種の寡頭制で、民主制とはとうてい言えません。せいぜいのところ、支配者の〝仲間内の民主主義〟でしょう。

ついでにいえば、プラトンは統治者の数で政治形態を分類しました。統治者が一人なら君主制、少数なら貴族制、多数なら民主制です。そしてこれらが堕落すると、君主制は僭《せん》主《しゅ》制に、貴族制は寡頭制に、民主制は無法状態になると考えました。プラトンにとっては、民主制は多数の専制にほかならなかったのです。かれが、知と徳を兼ね備えた「哲人王」の統治を理想としたのはそのためです（『国家』）。

これに対してルソーは、民主制を多数の支配ではなく、人民の自己統治だと考えました。つまり、民主主義の原理は治者と被治者の同一性（支配する者が支配され、支配される者が支配すること）にあります。人民は治者と被治者の一人二役を演じるわけです。

ルソーの念頭には、自由と権力の本質的な対立・矛盾がつねにあります。権力は人を支配することによって自由を制約します。自由を失わない統治はありうるのか。どのような統治ならそれは可能なのか――これが、かれの『社会契約論』の一貫したテーマです。冒頭の一句がそれを端的に示しています。

人間は自由なものとして生まれた。しかもいたるところで鎖につながれている。……どうしてこの変化が生じたのか？　わたしは知らない。何がそれを正当なものとしうるか？　わたしはこの問題は解きうると信じる。

ルソーは、国家の成り立ちをつぎのように説明します。――元来、人間は自然状態においては自由だが孤立し、自己保全の力も乏しかった。そこで人々は個人の自由と力を放棄して、政治共同体をつくる社会契約を結んだ。この合意こそ、統治権の正統性の根拠である。こうして、自然状態における自然的自由は、いまや国家における市民的自由として国家権力によって保護される。

ルソー自身のことばで確かめておきましょう。

要するに、各人は自己をすべての人に与えて、しかも誰にも自己を与えない。そして、自分が譲りわたすのと同じ権利を受けとらないような、いかなる構成員も存在しないのだから、人は失うすべてのものと同じ価値のものを手に入れ、また所有しているものを保存するためのより多くの力を手に入れる。

社会契約によって人間が失うもの、それは彼の自然的自由と、彼の気をひき、しかも彼が手に入れることのできる一切についての無制限の権利であり、人間が獲得するもの、それは市民的自由と、彼の持っているもの一切についての所有権である。

一般意志・特殊意志・全体意志

このように、ルソーは社会契約を仮定することによって、統治の正統性《レジティマシー》の根拠は人民の合意にあるとしました。平たくいえば、民意による政治でしょうか。かれはこれを「一般意志」と名づけました。ただし、一般意志とは多数の意志や世論ではなく、公共善（公共の利益）をめざす人民の意志のことです。かれは、個々人が私利を求める意志を「特殊意志」と呼び、一般意志と峻別《しゅんべつ》しました。また特殊意志の総和を「全体意志」と呼び、一般意志をこれとも区別しました。私利追求の特殊意志をどれほど寄せ集めたところで、公共善を志向する一般意志にはなりえないからです。

つまり、一般意志とは、あるべき人民が、あるべき公共善を求める意志といってよいでしょう。とにかく、ルソーのいう「人民」や「市民」は、あるがままの民衆ではありません。その民衆の欲することが「民意」なのでもありません。

一般意志はまた、のちにジェレミー・ベンサム（一七四八～一八三二年）が唱えた「最大多数の最大幸福」とも違います（『道徳および立法の諸原理序説』一七八九年）。一般意志は善（徳）をめざすのに対して、最大多数の最大幸福がめざすのは利益（快楽）の充足であって、善や徳ではありません。善は万人に共通の価値で、普遍的です。しかし、利益は多種多様で相対立するため普遍性をもたず、せいぜいその多寡を量るしかありません。そして、最大多数の最大幸福をもってよしとすれば、少数者の幸福（利益）は切り捨てられます。これは多数の支配でしょう。

他方、一般意志は普遍的です。普遍的価値である善を欲する意志だからです。ルソーが「一般意志はつねに正しい」、誤ることがないと言い切ったのはそれゆえです。そして、こうつづけます。主権とは一般意志の行使である。意志は他者が代行しえない。したがって、主権は代表することも、分割することも、譲渡することもできない。これが人民主権の論理です。

けれども、ルソーの一般意志は理念ないしフィクションです。そもそも、国家が意志をもつと考えるのは擬人化でしょう。意志をもつのは生ま身の人間であって、集団に意志はありません。まして、一般意志がめざす「公共善」なるものはフィクションです。だから、公共善を志向するという「市民」「人民」は架空の理想像にすぎません。

かりに一般意志を認めるとしても、それはどのようにして確認するのか。ルソーにとっても、それはやはり多数決なのです。

かれは、こう述べます。

一般意志は、つねに正しく、つねに公けの利益を目ざす。……しかし、人民の決議が、つねに同一の正しさをもつ、ということにはならない。人は、つねに自分の幸福をのぞむものだが、つねに幸福を見わけることができるわけではない。人民は、腐敗させられることは決してないが、ときには欺かれることがある。そして、人民が悪いことをのぞむように見えるのは、そのような場合だけである。

問題は、このあとです。

全体意志と一般意志のあいだには、時にかなり相違があるものである。後者は、共通の利益だけをこころがける。前者は、私の利益をこころがける。それは、特殊意志の総和であるにすぎない。しかし、これらの特殊意志から、相殺しあう過不足をのぞくと、相違の総和として、一般意志がのこることになる。

はて、最後の一節がわからない。特殊意志の総和（全体意志）から相殺しあう過不足を除くと、一般意志が残る――とはどういう意味か。理解に苦しみます。多様な特殊意志の共通部分が一般意志だ、とでもいうのだろうか。かれはただ、「人民が十分に情報をもって審議するとき、もし市民がお互いに意志を少しも伝えあわないなら、徒党をくむことがなければ、わずかの相違がたくさん集って、つねに一般意志が結果し、その決議はつねによいものであるだろう」と述べるだけです。

ともあれ、ルソーが多数決を一般意志を確認するための方法と考えていることは明らかです。ただし、こう注文をつけています。

ある法が人民の集会に提出されるとき、人民に問われていることは、正確には、彼らが議案を可決するか、否決するかということではなくて、それが人民の意志、すなわち一般意志に一致しているかいなか、ということである。各人は投票によって、それについてのみずからの意見をのべる。だから投票の数を計算すれば、一般意志が表明されるわけである。従って、わたしの意見に反対の意見がかつ時には、それは、わたしが間違っていたこと、わたしが一般意志だと思っていたものが、実はそうではなかった、ということを、証明しているにすぎない。もしわたしの個人的意見が、一般意志に勝ったとすれば、わたしの望んでいたのとは、別のことをしたことになろう。

ルソーによれば、投票の結果、多数派が支持した意見が一般意志であり、負けた少数派は一般意志の認識を誤っていたというわけです。間違った判断をした少数派は、おのれの不明を恥じなければなりません。

しかし、これは勝てば官軍、負ければ賊軍。正義は勝者にあり、ということではないか。

多数決に勝っただけで、それが一般意志だという証明にはなりません。負けた少数意見のほうが一般意志のこともありえます。ルソーが多数決の結果を一般意志とみなすのは、表決が議案への賛否ではなく、それが一般意志に一致するか否かを問うものと考えたからです。

けれども、だれもが一般意志を求めて投票するわけではありません。むしろ各人は、特殊意志にもとづいて投票するのが実態でしょう。だとしたら、多数決の結果、得られるのは一般意志ではなく、多数派の特殊意志なのではないか。一般意志を特殊意志、全体意志と峻別したルソーが、多数派の意志を一般意志とみなすのは合点がいきません。たとえどんな理屈をつけようと、けっきょく多数決は多数派の意志を集団の意志とみなすことによって、多数の支配を正当化しているのではありませんか。

全員一致と単純多数決のあいだ

ただし、急いで付言しておかねばならぬことがあります。それは、ルソーが表決をかならずしも単純多数決とは考えていないことです。

一般意志をあらわすためには、どれだけの割合の投票数がいるか。……政治体の状態と必要に応じて……一般意志をあらわす数を決めることができる。
……一つは、討議が重大であればあるほど、勝ちをしめる意見は、全員一致に近づかねばならないということである。今一つは、論争される事がらが、急を要すれば要するほど、意見を区別するのに必要な既定の差を、せばめねばならない。すなわち、即決の要のある討議においては、ただ一票でも多ければ十分としなければならない。これらの原則のうち、第一のものは、法をきめる場合に適し、第二のものは、事務を処理するのにより適しているようである。いずれにせよ、この二つの原則の組合せにもとづいて、決議するための多数を定める最もよき比例が、きまるのである。

このように、ルソーのいう多数決は、ほぼ全員一致から単純多数決まで幅があります（もっとも、ルソーのいう「法律」は今日われわれが考える制定法より狭く、政治共同体を成り立たせる根本法のみを指す）。その多数の割合をどう決めるかは、議題の重要性と緊急性によりけりです。そして、法律の制定については特別多数決が、法律の執行については単純多数決が適切だとしました。

ついでに言っておきますが、代表制を認めないルソーは、民主主義に適した統治者の選出法をクジだと考えました。人為によらない無作為の抽選こそ、民主主義にふさわしい統治者の選び方だと述べています。なぜなら、富裕で教養があり、生計にわずらわされず、公事に奔走する暇のある支配階級なら、だれでも統治者となる資格と能力を備えているからです。そして任期は原則一年、無報酬、軍備は自前、弾劾による人民裁判のおそれもあります。

ただし、軍を統率する将軍は選挙によるべきものとしました。軍事には経験と特殊の能力が必要だからです。実際、ルソーがモデルとしたアテネの民主政がそうでした。

以上が、民主主義と多数決に関するルソーの議論の大筋です。

3　ロックの制限政府

多数決は多数の支配

英国の政治思想家、ジョン・ロック（一六三二～一七〇四年）は『市民政府論』（一六九〇年）で、ルソーとは違った見解を述べています。

ロックによれば、多数決のルールは社会契約にすでに含まれていたというのです。だったら多数決は政治社会に共通のルールであって、民主政治に固有のルールではないことになります。しかもロックは、多数決をもっぱら単純多数決と考えています。

人々が、各個人の同意によって協同体を作った場合には、彼らはこれによって、その協同体が一体として決議する力をもつようにしたのであるが、その力はただ多数者の意志と決定とによってのみ行われるのである。どの協同体でもそれを動かすものは、その協同体各個人の同意のみである。そうして一体たるものにとっては一つの道をゆくことが必要だから、その団体は、大きい方の力すなわち多数者の一致の進んでゆく方向へ動く必要があるのである。もしそうでないとすれば、それはその構成員である各個人がそうあるべきだと同意したように、一箇の団体、一箇の協同体として決議し存続することが不可能になる。そこで団体を結成している各個人は、同意を与えた以上、多数者に拘束されなければならないのである。それ故に実定法によって決議権を与えられた合議体においては、その実定法の上で特別の多数に権限を与えない限り、単純多数者の決定が全体の決議として通用《ルール》する。すなわちそれが自然法および理法によって、全体の権力を有するものとして決定するのである。

このようにして各人は、一政府の下に一箇の政治体を作ることに他人と同意することによって、多数者の決定に服し、それに拘束されるべき義務を、当該社会の各員に対して負うようになるのである。（強調は原文）

ロックは、多数決を「単純多数者の決定」によって共同体の全成員が拘束されることだと考えました。そして、この多数決のルールは、社会契約にすでに含まれていたといいます。なぜなら、人々は社会契約によって共同体をつくった以上、少数者の多数者への服従は当然のことであり、さもなければ集団は維持できず、崩壊してしまうからです。

このようにロックは、もっぱら共同体の存続の必要性から多数決、それも単純多数決を正当化しました。ルソーが多数決をなんとか民主主義に結びつけようとあれほど苦労したのに対して、ロックは多数決が社会契約の約束だったというだけで、あっさりと片づけてしまいます。この違いはなぜ、生じたのでしょうか。それは、ロックが主権の概念をもたなかったからです。

政治権力の制限

人民主権を唱えたルソーは、主権を不可譲・不可分・無謬の絶対権力として、人民の服従を義務づけます。そのため、国家権力と個人の自由とのあいだにきびしい対立・緊張が生じます。これを解決しようとして、かれは主権を共通善をめざす一般意志のもとにおき、国家権力によって自然的自由を市民的自由に変えて保護したと説きます。一般意志は人民の意志である以上、これは「自由の強制」であって、専制ではないというわけです。では、自由の強制？　強制された自由は「自由」といえるのか。ルソーによれば、個人が欲望に支配されるのは欲望の奴隷であって、自由でも自律でもありません。理性による欲望の自己規律こそ、自由です。同様に、人民の自己統治は人民の自由の証しであって、暴君の専制ではありません。つまり、かれは個人の自己規律と人民の自己統治とを同じ次元で論じているのです。

けれども、両者には決定的な違いがあります。それは権力による強制の有無です。前者の自由は、個人が理性により自身の欲望を統御することをいい、他者の強制を排除します。これに対して後者の自由は、人民が権力をもち人民が自己統治することによって専制を脱出し、自由な人民たろうとすることです。そして、この自由な個人と自由な人民を結びつけるのが、主権を導く「一般意志」だったのです。

主権概念を認めないロックには、ルソーのように持って回った議論は不要です。ロックもルソーと同様に、政府は人民の同意にもとづくべきだと考えました。けれども、ルソーが主権を無謬の絶対権力とみたのに対し、ロックは、政府が生命・自由・財産を保護するために設立され、政府はこれら個人の自由の保護に必要な権力しか持たないと考えました。

この制限政府の樹立を、ロックは――社会をつくる狭義の社会契約と区別して――「信託《トラスト》」の概念で説明しています。契約が当事者の合意であるのに対して、信託は信託者の受託者に対する一方的な命令です。だから、もし政府が専制に走るなら、被治者は信託を取り消し、新たな政府を樹立する権利があると述べています。抵抗権の容認です。

要するに、ルソーもロックも専制の排除という目的では一致しながら、前者は権力を民主化することによって、後者は権力を制限することによって同じ目的を達成しようとしたといえるかもしれません。そしてこの両者の違いは、ロックが社会契約と統治契約を区別し、国家を統治機構として捉えたのに対して、ルソーはこれを区別せずに社会契約一本で統治権を正当化し、国家を共同体として理解したためでしょう。もっと端的にいえば、ロックは国家に先立つ自然権を想定し、政府の目的は自然権のより確実な保障であり、したがって政府の権限は権利保障に必要な範囲に限られるとします。これに反してルソーの場合、人民の合意により正当化された人民主権は絶対・無謬で、なんの制約もありません。したがって、ルソーの民主主義論には、ロックにみられるような国家権力が侵害しえない個人の自由という観念はありません。あるのは、人民の政治参加の権利だけです。

しかし、こんな理論的詮索は後世の学者がすることで、ロックはそこまで深くは考えていなかったと思われます。多数決を集団の意思決定に不可欠なルールとみて、それ以上の理念や原理を解明しようとはしていません。どうやらロックは、英国議会を念頭に、多数決を慣行により確立済みの自明の理と考えていたようです。

ともあれ、こうなると「多数決は民主主義のルールか」との問いに対して、安易にイエスと答えられないことがおわかりいただけたでしょう。

以上の議論は、人民の意思決定における多数決についてです。しかし、議会における多数決はもっと多くの問題をはらんでいます。実際、多数決がさまざまな論議を呼んでいるのも、議会政治の多数決についてです。そこで章を改めて、この問題をとりあげることにしましょう。

第2章

議会政治における多数決

1　ケルゼンの多数–少数原理

少数派の権利

議会政治における多数決を考えるさいには、ドイツの法哲学者、ハンス・ケルゼン（一八八一～一九七三年）の議論がまず参照されねばなりません。その論旨をたどってみましょう。

かれは、民主制を自由を最大限に実現する政治形態とみて、多数決はこの自由の理念に接近するための方法だと考えます。

民主政は、自由の理念にもとづき――したがって仮説的に――契約によって、したがって全員一致的に成立した秩序を、多数によって続設することによって、たんに本来の理念に接近するだけで満足する。

自由の理念から多数原理は誘導されるべきである。……多数投票は少数投票よりも総体重量が多いということでもって多数原理を是認するのは不可能であろう。一つの意志が他の意志より以上には通用しないという、純粋に消極的な推定からは、いまだ多数の意志が通用すべきであるという積極的結論は生じない。……すべての人ではなくても、できるだけ多数人が自由であるべきである、すなわち、その意志が社会的秩序という一般的意志と矛盾する者をできるだけ少数にすべきであるという思想だけが、合理的な道程をたどって多数原理へみちびく。（強調は原文。『一般国家学』）

そしてケルゼンは、多数決は多数の支配を意味しないと説きます。

多数原理は——自然的自由ではないにしても——政治的自由の理念に適合する。なぜなら、多数はすでにその概念上少数の存在を前提とし、したがって多数の権利は少数の存在権を前提とする。右のことからして、多数に対する少数保護の必然性ではないが、可能性が生じる。とにかく、多数原理は、非常にしばしばなされるように、ただちに少数に対する多数の無制限の支配の思想と同視されてはならない。（強調は原文。前掲書）

多数決は「多数の支配」を容認するものでも、まして正当化するものでもありません。それどころかケルゼンは、現実政治において多数の一方的支配はありえないとさえいいます。

いわゆる多数決原理に従って形成された団体意志は、多数者の少数者に対する一方的支配としてではなく、両集団の相互的影響の結果として、相対立する政治的意志方向の合成力として生ずるものだからである。多数の少数に対する一方的支配は、永続的には決して可能でない。第一、全く影響力のない状態に置かれた少数派は、団体意志形成への形だけの参与、自分たちにとって無価値であるばかりか有害な参与は放棄するであろうからである。そうなれば、多数派は多数派としての性格そのものを失うことになる。そもそも概念上、多数派というものは、少数派なしにはあり得ないはずであるから、少数派には、まさしくこの脱退可能性が、多数者の決定に影響を与える手段となる。これは議会制民主主義に特に当てはまることである。なぜなら、議会制手続というものは、主張と反主張、議論と反論の弁証法的・対論的技術から成り立っており、それによって妥協をもたらすことを目標としているからである。ここにこそ、現実の民主主義の本来の意義がある。それゆえ多数決原理は、むしろ多数－少数原理と呼ばれている。……議会制における多数決原理が政治的対立の妥協の原理、調整の原理であることは、議会慣行を一瞥《いちべつ》するのみでも明らかである。（強調は原文。『民主主義の本質と価値』）

つまり、こういうことです。ケルゼンによれば、議会での多数決は多数派の一方的支配ではなく、意見を異にする多数派と少数派との妥協にほかなりません。妥協はつねに暫定的です。現在の少数意見は将来、多数意見になるかもしれません。だからこそ、議会で大切なのは表決それ自体ではなく、公開の議場で異なる意見をたたかわせ、審議をつくすことです。少数意見の尊重が多数決の前提とされるのはそのためです。

妥協としての議会政治

こうして、議会主義の要諦は「妥協」にあり、議会審議の目的は多数・少数意見の対立ではなく、両者の折り合いをつけることにあります。したがって、表決にいたるまでの審議過程で多数派と少数派とのあいだで公式・非公式の意見の交換や交渉・取引がおこなわれるのは当然です。議会審議の主なルールは法制化されているものの、多くは慣例にすぎないため、ときに紛糾を避けられません。

日本では、法案の委員会審議には最低二〇時間かけるという慣例があります。これは必要な審議を確保するためですが、審議打ち切り・強行採決によってしばしば破られてきました。安倍政権下で成立した特定秘密保護法（二〇一三年）、安保関連法（一五年）、共謀罪法（一七年）、働き方改革関連法（一八年）、改正公選法（同年）、カジノ実施法（同年）、改正入管法（同年）は、いずれも強行採決によるものです。

外国人労働者の受け入れを増やす改正入管法にいたっては、受け入れ数も未定で省令に委ねたまま、衆院委員会で強行採決されました。これでは審議のしようがありません。見かねた大島理森《ただもり》・衆院議長は法案の衆院通過のさい、省令の全容を議会に後日報告し、法務委員会で改めて質疑するよう異例の「裁定」を出しましたが、今もって無視されています。

また、審議時間をかせぐため、故意にながながと政府答弁をしたり、野党の質問をはぐらかしたりします。政府の情報隠しを追及すると「記録がない」「廃棄した」と逃げを打ち、記録の存在が露見すると改竄《かいざん》さえあえてします。

安倍晋三・前首相は委員会審議で、「くだらない質問」「そんなことといいじゃないか」「印象操作だ」などと野次をとばしました。安倍一強の驕《おご》りというほかありません。そして、お決まりの強行採決……。そんな議会を萩生田《はぎうだ》光一・官房副長官（現文科相）は、「田舎のプロレス」と評しました。自民党の某国対幹部が「われわれは天ぷら屋。政府が出した法案をあげる（成立させる）だけ」と自嘲するのもうなずけます。

不祥事の隠蔽体質は、菅義偉《すがよしひで》政権にも「継承」されました。警察の捜査や人事の秘密を理由に「お答えを差し控える」との国会答弁は、安倍政権の直近五年間で毎年五〇〇回超。菅首相と閣僚は三ヵ月で八〇回くり返しました（朝日新聞二〇二〇年一一月八日、一〇日）。また、業者の接待問題にからむ参考人招致で、某行政幹部は「記憶にない」を一三回連発しました。ご念の入ったことには、所管大臣は証言に立つ役人にそう指示さえしていました。

こうして議会審議が形骸化すれば、議会制民主主義は立ち枯れてしまいます。

2　合意形成型民主主義と多数決型民主主義

一強多弱と議会の形骸化

このように与野党の妥協が困難になった背景には、日本の議会制民主主義の変質があります。三浦まり・上智大学教授（政治学）はアレント・レイプハルトに倣って、これを「合意形成型民主主義」から「多数決型民主主義」への推移と分析しています（『私たちの声を議会へ――代表制民主主義の再生』）。

いわゆる五五年体制は、左右社会党の統一と自由党・民主党の保守合同によって成立した保革の二大政党制です。とはいえ、実態は「一カ二分の一政党制」とからかわれたように社会党は万年野党の反対党でした。だから、再軍備や憲法改正など政治イデオロギー的争点では激しく対立しながらも、裏では政権・与党と取り引きし、それなりの合意が成り立っていました。竹下登首相が「社会党の言い分を三分の一聞いてやれば、うまくいく」といったのは、そのころのことです。

安保改定後、争点が政治から経済に移り、経済成長が軌道に乗ると、左右の両端を切り捨てて体制維持の二大政党制の構想が生まれました。そのため、小選挙区制の導入が図られましたが、議論は紛糾し、細川内閣のもとで一九九三年、小選挙区・比例代表併立制でなんとか決着しました。しかし、比例代表制を併立させたため野党の結集はならず、政権交代も起きませんでした。

二〇〇九年、ようやく政権交代が実現したものの、民主党の政権運営の拙劣さから、三年余の短命で自民党政権に復帰しました。その後、第二次安倍政権で、党幹部の政党支配と首相官邸への権力集中がいちじるしく進んだことはご覧のとおりです。同時に、民主党政権への失望から、政権交代の期待もしぼんでしまいました。こうした一強多弱・安倍一強が議会審議の形骸化をもたらし、ひいては議会制民主主義への不信をまねきました。「合意形成型民主主義」から「多数決型民主主義」への移行とは、このことを指しているのです。

一般に、二大政党制は両党の立ち位置が近寄り、政策に大きな違いはなくなる傾向があるとされています。しかし他面、政党は有権者にアピールするため、他党との差異化をはからねばなりません。そのせいで、政策を競うよりも世論に訴えるパフォーマンスに力を注ぎがちです。議会政治が多数決型民主主義に走る理由は、ここにもあります。

ところで、今日の議会民主制の機能不全は、審議の形骸化や多数派の横暴にとどまりません。もっと根本的に、議会が人民の代表機関の役割を果たしていないことにあります。日本国憲法は「日本国民は、正当に選挙された国会における代表者を通じて行動し」（前文）、「両議院は、全国民を代表する選挙された議員でこれを構成する」（四三条一項）と定めています。ならば、そもそも「代表」とはなにか。だれが、なにを、どのように代表するのか——その政治的意味が問い直されねばなりません。一言でいえば、議会制民主主義の本質はなにか、ということです。

ケルゼンは、議会制民主主義をこう定義しました。

> 議会主義の客観的本質は、拘束的な国家意志の、国民の普通・平等の選挙権をもとにした形成、それゆえ国民によって民主的に選挙された合議機関の多数決原理による形成である。（強調は原文。『民主主義の本質と価値』）

注意したいのは、この定義には「代表機関」の語がないことです。議会は有権者が選出した議員の「合議機関」とあるだけです。なぜか。それは「代表」が法的擬制にすぎず、議会主義についてのケルゼンの社会学的定義には不要だからです。

けれども、たとえ擬制《フィクション》にせよ、一般に議会は国民の「代表機関」とみなされ、議会が国民を拘束する「国家意志」は、「民意」とみなされていることも確かです。では、そもそも「代表」とはなにか。

議会はなにを代表するのか

政治学者のA・H・バーチは、代表とは「統治活動に影響をおよぼす意図をもって政治共同体を統治する活動」と定義します。そのうえでかれは、多義的に用いられる代表を①委任的代表、②縮図的代表、③象徴的代表に分け、こう説明しています（『代表——その理論と歴史』）。

まず、①の委任的代表は、端的には本人と代理人との関係で、代理人は本人の利益を擁護する義務を負い、本人からの指示を受けます。もし代理人が指示に反すれば、本人は代理人を解任することができます。販売代理人や弁護士がその例です。

選挙人と代議士との関係をこのような「委任」とみるか、それとも「信託《トラスト》」とみるかについては、従来から議論のあるところです。信託とは、選挙で選挙人が代議士にみずからの識見で活動する権限を付与することで、受託者（代議士）は信託者（選挙人）から相対的に独立した地位・権限をもちます。

かつて身分議会では、大貴族はだれでも議会に出席できたので、委任か信託かといった問題は生じませんでした。が、騎士階級や都市富裕層が三部会に参加するにいたって、代議士は選挙人団の命令的委任《マンダ・アンペラティフ》をうけ、指示に従うべきものとされました。やがて、普通選挙により身分議会が国民代表議会に発展し、有権者と代議士の関係を「信託」とみなすようになりました。そして、代議士は選挙人の代弁者ではなく、独立の地位と権限をもつ政治家と認められるようになりました。

日本国憲法も「そもそも国政は、国民の厳粛な信託によるものであって」（前文）と定め、議員と有権者とは信託関係にあることを明示しています。もっとも、これを命令的委任と解し、代議士を選挙人の意に従わせようとする要求が根づよく残っていることも事実です。強行採決に「民意を踏みにじるのか」といった声があがるのは、その証左でしょう。

②の縮図的代表とは、議会が国民のさまざまな意見や利害の標本《サンプル》となることをいいます。これは、議会が鏡のように国民の意向をあるがままに映すべきだとの考えで、民主主義の進展とともに広く支持されるようになりました。「議会は民意の代表機関たるべきだ」と

いわれるのはその意味でしょう。

③の象徴とは、抽象的な観念を可視的で具体的な物や人であらわすことをいいます。国旗は国家の象徴、天秤《てんびん》は正義の象徴です。象徴は長い歴史を通じて定着し、共同体への忠誠心を高める心理的統合機能をもちます。統治者は、この象徴機能を統治に利用します。

大統領や首相は権力者であると同時に、一国の象徴的代表でもあるのが通例です。が、逆に、権限を奪われ、象徴機能に純化した日本の象徴天皇（「天皇は、日本国の象徴であり日本国民統合の象徴である」憲法一条）や英国の王座・王冠のような例もあります（君主は君臨すれども統治せず。だから、英国は「議会主権」とされる）。

では、代議士はこれら代表の三類型のどれに属するのか。バーチは子細に検討のすえ、どれにも当てはまりきれずに、「選挙制代表」という第四の類型を設けざるをえませんでした。選挙制代表者とは、議員がなにが最善かをみずから判断し、国民全体の利益をはかる義務をもつ、選挙された代表者と定義しました。これは、選挙でえらばれた議員はもはや有権者の代理人ではなく、独立の地位と権限をもつとともに、国民全体の利益に奉仕する責務を負うことを意味します。

英国のエドマンド・バーク卿は、かつて有名な選挙演説でこう述べました。

〔議会は〕さまざまな敵対的な利益から送られてきた大使の会議ではない。そこでは、それぞれが代理人かつ代弁人として、その他の代理人かつ代弁人である人々に対して自らの利益を守らねばならないであろう。しかし議会は、一つの利益、つまり全体の利益を持った一つの国民の審議的な集会であり、そこでは地方の目的、地方の偏見ではなく、全体の一般的理性から生じた一般的善が指針とならなければならない。

日本国憲法も「すべて公務員は、全体の奉仕者であって、一部の奉仕者ではない」（一五条二項）と定めています。

こうして、有権者は選挙で議員を選ぶことによって、かれらに「国民の代表者」としての地位と権威を付与して、「国民の代表機関」たる議会を組織します。しかし、これは代議制民主主義の理念であって、現実ではありません。議員のなかには地域や利益団体の代弁人を務めたり、議員の権限を利用して私腹を肥やす者さえいます。だからこそ「議会は民意を反映していない」「民意不在の政治」といった非難が生じるのでしょう。

代議制民主主義は、選挙による間接民主主義です。選挙になにを期待するかによって、代議制民主主義の理念や役割も違ってきます。政治制度の多くは純粋の理念にもとづき人為的につくられるものではなく、雑多な夾雑物《きょうざつぶつ》をふくんで歴史的に形成されたものであって、近代の議会制もその例外ではありません。

3 代議制民主主義の意義

J・S・ミルの代議制統治論

近代議会制の理論を築いたのは、英国の政治思想家ジョン・スチュワート・ミル（一八〇六〜七三年）です。その『代議制統治論』（一八六一年）を読み返してみましょう。J・S・ミルは、代議制民主主義の長所をこう述べています。

代議制国家構造は、その共同社会に存在する知識や誠実さの一般的水準と、それのもっとも賢明な構成員の個人的知性と徳性とを、それらが他のどんな組織形態のもとにおいてそうなるであろうよりも直接に、統治に関係させ、統治におけるおおきな影響力をそれらに与えるための、一手段なのである。

ミルにとって代議制は、国民のなかから最高の知性と徳性をもつ政治家を抽出するための〝濾過装置《ろかそうち》〟でした。そして、これら有徳の士の人格の力と公開の知的討論によって、多数の力を馴致《じゅんち》するところに真の民主主義、成熟した民主主義が成立すると考えました。

多数派だけではなくすべての者を代表する代議制民主政治においては、数的に劣勢な人びとの利害関心、意見、知的水準が、それにもかかわらず傾聴されるだろうし、数の力には属さない影響力を、人格の重みと議論の力によって獲得する機会をもつだろう。この民主政治だけが平等であり、これだけが不偏であり、これだけがすべての人によるすべての人の統治であり、唯一の真のタイプの民主政治なのである。

こうして選挙で第一級の政治家が選出され、これら有徳かつ識見の人物が政治を主導することによって成熟した真の民主政治が実現します。かれは、数のうえでの多数の政治を「間違った民主主義」と断じました。

民主主義は、熟練を要する仕事が熟練をもっている人びとによってなされることをのぞまないかぎり、それは、熟練した民主政治を獲得する方向へまったく進歩しえない。

ミルは、多様な民意を議会に反映させるために選挙権の拡大を支持し、比例代表制を提唱しました。しかし一方、かれは資産のある有識者に複数投票権を与えるべきだ、とも主張しています。知識層とは銀行家・雇用主・商人・製造業者・知的専門職・大学卒業者を指します。しかも、同一候補への重複投票をも認めて、富裕な有識者の当選を確実にしようと図りました。その動機が、選挙権の拡大による無産階級の議会進出に対する危惧《きぐ》だったことは否定できません。

いずれにせよ、ミルはルソーのいう一般意志を信じず、存在するのは人々の雑多な相対立する利害だけだと考えました。その混沌《カオス》の中から知徳を抽出することが、議会制民主主義の真髄だったのです。そして、こう断定します。

〔利害にまどわされず、識見のある〕少数諸派が適切に代表されるということは、民主主義の本質的な部分である。それなしに可能なのは、真の民主主義ではなく、虚偽の見せかけの民主主義にほかならない。

シュンペーターの競争理論

現代の経済学者、ヨーゼフ・シュンペーター（一八八三〜一九五〇年）も、同様の見地からミルに似た議論を展開しました。シュンペーターによれば一般意志は存在せず、多数決の結果は民意ではありません。

およそ古典的民主主義学説を受けいれ、したがってまた民主主義的方法は人民の意志に従って問題を決定し、政策の形成を保証するはずであると信じている人はすべて、たとえその意志がまごうかたなく真実かつ明確なものであったとしても、単なる多数決による決定が、多くの場合に人民の意志を有効にするよりはむしろそれを歪曲《わいきょく》するであろうという事実に直面せねばならないであろう。大多数の意志はあくまでも大多数の意志であって、「人民」の意志でないことは明白である。人民の意志は大多数の意志によってはとうてい「代表」されえない積み木細工のごときものである。定義によって両者を同一視することはけっして問題を解決するゆえんではない。(『資本主義・全体主義・民主主義』)

このような代議制観に立って、シュンペーターは選挙を為政者間の競争だと即物的に理解します。この点では、ケルゼンが「代表」の擬制を排し、議会をたんなる「合議機関」と定義したのと同様です。

およそ言葉に意義あらしめんがためには、委譲とか代表とかの言葉はこれを個々の市民に結びつけて用うべきではなく——中世の荘園についての教義ならそうすべきかもしれないが——全体としての人民に結びつけて用いねばならぬ。しからば全体としての人民そのものは、たとえばそれを代表するはずの議会にその権力を委譲するものであるというふうに言い表されねばならぬはずである。けれども、法律的には人民の委託を受け人民を代表することができるのは、ただ一個の(肉体的にも道徳的にも)個人である。……しからば、議会とはいったい何であるのか。その答えは遠くに求める必要はない。それは政府や裁判所とまったく同様に国家の一機関にほかならない。

（前掲書）

そしてかれは、選挙をプロフェッショナルの政治家たちの競争と理解します。したがって、議会制民主主義が成功するためには「政治の人的素材――政党組織に属する人、議会で働くべく選ばれた人、閣僚の椅子《いす》につく人々など――が十分に高い資質をもっていなければならぬ」といいます。この点は、J・S・ミルと同じです。こうして両者は、民主主義における政治家のリーダーシップや責任という厄介な問題を提起していたのです。

政治家の客観倫理

プロとしての政治家、職業政治家の資質と倫理の問題を追究したのはマックス・ヴェーバー（一八六四～一九二〇年）です。かれは『職業としての政治』（一九一九年講演）で、政治家に必要な資質として情熱・責任感・判断力をあげています。そして「政治とは、情熱と判断力の二つを駆使しながら、堅い板に力をこめてじわっじわっと穴をくり貫いていく作業」と例えました。その困苦に耐えるには「心情倫理」ではなく、「責任倫理」をもたねばなりません。責任倫理とは、主観的・情緒的な倫理観ではなく、言い訳のきかぬ客観的な結果責任のことです。なぜなら、政治家は「正当な暴力行使という特殊な手段をもっているから」です（強調は原文）。そして、こうつづけます。

> 政治にタッチする人間、すなわち手段としての権力と暴力性とに関係をもった者は悪魔の力と契約を結ぶものであること。さらに善からは善のみが、悪からは悪のみが生まれるというのは、人間の行為にとって決して真実ではなく、しばしばその逆が真実であること。……これが見抜けないような人間は、政治のイロハもわきまえない未熟児である。

政治家の責任倫理は、それほど厳しく重いのです。

それにつけても、昨今のわが国の政治家は、いかに無邪気で無責任な「未熟児」が多いことか。政治家の資質も能力もなく、ひたすら党の方針に従い、あるいは選出母体や支持団体の利益を代弁し、議会はいまや党派対立と利害抗争の修羅場と化しました。エエイ、面倒だと抜き打ち・だまし討ちの強行採決で、とっとと多数決で決めちまえ――といったありさまです。これは政治家の劣化です。

議会制民主主義が機能不全に陥ったのは、政党と政党政治が衰弱したからです。政党が有権者の多様な政治ニーズを吸収・調整し、政策化する能力を失い、有権者の政治離れをひき起こしました。そのため、政党政治は民意形成の役割をはたせず、有権者の政治不信を深めました。投票率の低下と無党派層の増大が、それを如実に示しています。

しかし、これは日本だけのことではありません。議会制の機能不全の背景には、選挙権の拡大による大衆民主主義《マス・デモクラシー》の成立と官僚制の肥大があります。このことが一方で大衆の政治的無関心をはびこらせ、他方では一部の直接行動を突出させる原因になっています。この両極化は、もともと自由民主主義が内包していた、私的自由を尊重する自由主義と、多数の支配に走りがちな民主主義との二律背反の顕在化とみることができるでしょう。

このことをいち早く見ぬき、その解決策を米合衆国憲法に見いだしたのは、フランスの政治思想家・トクヴィルでした。次章で、この問題を考えてみましょう。

しかし――その前に、代表民主主義（間接民主主義、代議制民主主義）という場合の「代表」とはなにを代表するのか、をもういちど確認しておきます。すなわち、代表するのは意志か、それとも意見か、利益か。

もし意志ならば、ルソーのいうとおり本人以外の他者がもつことも、代行することもできません。意志は生ま身の個人のものであって、人民という集団に意志があるわけではありません。実際は、議会が多数決できめたことを人民の意志（民意）と擬制しているだけです。

これに対して、意見や利益は他者が代弁し、代行することも可能です。議会政治の多数決をめぐる議論の混乱は、この代表不可能な人民の意志を代表可能な人々の意見や利益と取り違えているからです。「民意」は道端にごろんと転がっていて、ひょいと拾いあげられるようなものではありません。民意はつくられるものです。議会が多数決できめたことが「民意」とみなされるのです。

だから、代議制民主主義は人民の自己統治ではありません。せいぜいのところ、人民の代表による、人民のための統治にすぎません。民主主義の理念は治者と被治者の同一性にあるとはいえ、ミルがつとに指摘したとおり、現実の治者と被治者とは同一の「人民」ではないのです。その意味ではルソーの言を待つまでもなく、真の民主政はこれまで存在しなかったし、これからも決して存在しないでしょう。わたしたちにできるのは、それに近づくことだけです。

第3章

多数の支配か法の支配か

1　トクヴィルの危惧

多数専制の抑止

フランスの政治思想家、のちに政治家になったアレクシ・ドゥ・トクヴィル（一八〇五～五九年）は、ジャクソン大統領のもとで民主化がすすむ米国を視察して帰国後、『アメリカのデモクラシー』（一八三五年。第二巻は一八四〇年）を著しました。かれ自身は貴族でしたが、その見聞から「一九世紀は民主主義の時代だ」と確信します。そして、米国の民主主義が維持・発展する要因を三つあげています。連邦制、地域自治、司法の独立です。

三つのものが、他の何にも増して、新世界〔アメリカ〕における民主的共和制の維持に与《あずか》っているように思われる。

第一はアメリカ人の採用した連邦形式、大きな共和国の力と小さな共和国の安定性とを合衆国がともに享受することを可能にしているその連邦形式である。

私は第二のものを、多数の専制を抑制すると同時に、自由を好み、自由である術《すべ》を人民に教える地域自治の諸制度に見出す。〔ちなみに、米国の地域自治の基礎単位は町《タウン》で、人口は平均二〇〇〇~三〇〇〇人。タウンには議会がなく、町民集会《タウン・ミーティング》で諸事を決する直接民主制が採られていた〕

第三のものは司法権の構成にある。裁判所がどのようにして民主主義の逸脱を修正するのに役立つか、また、多数者の動きを止められないまでも、どのようにしてこれを遅らせ、方向づけるか、私はこれらを〔本書で〕示した。

このようにトクヴィルは、米国で民主主義が永続するのは権力分立による抑制と均衡が働き、民主主義の逸脱を抑制するからだと考えました。連邦・州・自治体、連邦政府の立法・行政・司法、そして上院・下院のあいだの重層的な権力分立による抑制・均衡が作用することによって、民主主義が「多数の専制」に陥らずに永続すると述べています。かれは「専制はいつの時代にも危険だが、民主的な世紀には格別に恐るべきものだ」として、司法の役割を重視します。

アメリカの裁判所に認められている違憲立法審査権は、〔司法に〕固有の限界を出ることはないが、政治的合議体の暴政に対してかつて立てられた防壁の中でも、もっとも強力なものの一つである。

つまり、司法の役割は、「民主主義の逸脱」「多数の専制」を阻むことであり、そのための手段が違憲審査権だというわけです。そして、こうつづけます。

アメリカ人のもとを訪れ、その法制を研究してみると、法律家に権威を認め、政治に対して法律家が力を揮《ふる》う余地を残したことが、今日、民主政治の逸脱に対する最大の防壁となっていることが分かる。

「法律家の権威」は、政治家の権力とは違います。それは「知」の権威です。司法がもつのは政治権力ではなく、「法の権威」であり、これによって物理的な力の行使をできるだけ抑制しようとします。いいかえれば、司法の役割は力の支配に代えて、「法の支配」を確立することです、米国で司法が権威をもち、法律家が尊重されるのはそのためです。

トクヴィルは、これを「法律家精神」と呼びました。そして、この法律家精神が「民主的精神」を中和するところにアメリカ民主主義の持続の秘訣《ひけつ》があるとして、こう述べています。

私は、法律家精神と民主的精神とのこの混合なくして、民主主義が社会を長く統治しうるとは思わないし、人民の権力の増大に比例して法律家の政治への影響力が増さないとすれば、今日、共和政体がその存続を維持しうるとは信じられない。

建国の父祖たちの苦心

トクヴィルの指摘は的を射ています。実際、米国憲法の起草者たちは、まさにこの点に心を砕いたからです。そのことは、憲法草案のキャンペーン文書『ザ・フェデラリスト』にはっきりと記されています。かれらは、憲法草案への賛同を得るため、フェデラリストの筆名でニューヨークのインディペンデンス紙に論稿を連載しました。これを収録した単行本も一七八八年に出版されています。

建国の父祖たちが憲法制定にあたって、どのような点に苦心したかを振り返ってみましょう。

選挙による専制政治というようなものは、われわれがそのために戦ってかちとった政府ではない。単に自由な諸原則に基づいて樹立されるばかりでなく、そのなかで政府の諸権力が数部門の間に分散され、適度の均衡を保ちながら、それぞれの部門が他の部門を効果的に制約し、抑止しあうことで、その法律上の限界を越えられないような政府こそ、われわれがかちとるために戦った政府なのである。（強調は原文。ジェームズ・マディソン、のち第四代大統領）

裁判官の完全なる独立は、権力を制限する憲法にとっては、ことに欠くことのできないものである。ちなみに、権力を制限する憲法とは、立法権に対して特定の例外、たとえば私権を制限する法と遡及《そきゅう》処罰法などを通過させてはならないことなどを規定した憲法を意味する。この種の権力制限は、裁判所という仲介を経なければ実際には守りえないのである。つまり、憲法の明白な趣旨に反する一切の立法行為を無効であると宣言するのが裁判所の義務なのである。これなくしては、特定の権利または特権

の維持もすべて無に帰することになろう。（アレグサンダー・ハミルトン）

このように、選挙による人民の代表機関が専制政治に走らないためには、権力分立による抑制・均衡、とくに司法の独立が必要であることが強調されています。それには、裁判官の身分が保障されねばなりません。

司法部の職にあるものに対し、非行のない限りという基準をもってその任期とすることは、たしかに政治の運営に対する近代的改善の最たるもののひとつなのである。君主国にあっては、判事終身制は君主の専制に対するすぐれた防壁の役割を果たしている。同様に、共和国にあっても、判事終身制は、議会の権力侵害と圧制とに対するこれまたすぐれた防壁の役割を果たすのである。しかも、判事終身制は、法の堅実・厳正・公正な執行を確保するのに、いかなる形体の政府の下にあっても、考えうる最も便利な手段なのである。（ハミルトン）

これでおわかりのように、トクヴィルがアメリカ民主主義の特徴とみたのは、まさしく憲法の起草者たちが意図したことでした。その意図がみごとに実現しているのを目の当たりにして、かれはアメリカ民主主義を称賛したのです。

2 モンテスキューの権力分立論

君主・貴族院・庶民院の権力分立

ご存じのとおり、権力分立論を唱えたのはモンテスキューです。米合衆国憲法の起草者たちが、かれの権力分立論の影響をうけたことは明らかです。そこで、モンテスキュー(一六八九～一七五五年)が『法の精神』(一七四八年)で説いた権力分立論を改めて確かめておきましょう。

モンテスキューは西欧各国を旅行し、古今東西の文献を渉猟し、二〇年の歳月を費やしてこの大著をものしました。権力分立を論じているのは、その第一部第一一編第六章「イギリスの国制について」の章です。しかし注意すべきなのは、一般にそう理解されているような立法・行政・司法の三権分立を説いてはいないということです。

モンテスキューの権力分立論は基本的には立法・行政の二権分立論、ないし君主と上院

（貴族院）と下院（庶民院）の三権分立論です。しかも、かれのいう権力分立は政府権力の分立ではなく、君主・上院・下院を足場とする階級勢力の併存による抑制・均衡を意味していました。この二点は、かれの権力分立論を理解するうえできわめて重要です。

まず第一点。モンテスキューがかれの権力分立論から司法権を除くのは「裁判権力はある意味では無」であり、「裁判役は……法律の言葉を発する口にすぎない無生物」だからです。要するに、司法は実質的な政治権力ではなく、したがって司法権を抑制する要はないと考えたのでしょう。

ちなみに、モンテスキュー自身は貴族（男爵）で、ボルドー高等法院の副院長でした。当時、フランスでは「法服貴族」といって貴族は裁判官の官位をもつのが通例でしたから、判事職は世襲され、売買もされました。いわゆる売官制度で、国庫収入を増やすためです。モンテスキューの高等法院の職も叔父からの遺贈でしたが、外国見聞と著作に忙しいかれはほとんど登院せず、官職を高値で売却してしまいました。

ともあれ、貴族のモンテスキューは保守主義者です。なにごとも中庸をよしとし、王制と貴族制と民主制の混合政体を支持しました。勃興するブルジョワジーと没落する貴族のバランサーの役割を君主に期待したのです。かれは階級勢力均衡の現状維持を願って「時よ、止まれ」と言いたかったのかもしれません。

しかし、立法・行政・司法の三権分立論はモンテスキューの意図を超えて、憲法の基本原則となりました。米国合衆国憲法（一七八九年）は三権分立を政府の組織原理とし、フランス人権宣言（同年）は「権利の保障が確保されず、権力の分立が規定されないすべての社会は、憲法をもつものではない」と揚言しています。

第二の論点について。モンテスキューはまず、ルソーが唱えた直接民主制を退け、代議制を擁護します。

古代の諸共和国の大多数には、一つの大きな欠陥があった。それは、なんらかの執行を要求する能動的な決議を行う権利を人民がもっていたことである。これは人民には全く不可能なことである。人民はその代表者たちを選ぶためにのみ統治に参加すべきである。これは人民の力のよく及ぶところである。なぜなら、人間の能力の正確な程度を知る人は少ないにしても、一般に各人は、自分の選ぶ者が他の大多数の者より識見があるかどうかを知ることはできるからである。

このように、かれは選挙を人民代表の選出よりも、有能の士の選抜にメリットがあるとしています。この点は、のちにJ・S・ミルが選挙を知徳兼備の士の選抜とみたのと通じるところがあります。したがって、議員は選挙人の代理人ではなく、自己の識見にもとづき審議・表決する独立の地位・権限をもつものとされます。

選挙民から一般的な指示を受けた代表者たちが、……各案件について個別的な指示を受けることは必要でない。確かに、そのような仕方によれば議員の発言はいっそう国民の声の表明となる。しかし、それは際限もなく長引き、各議員を他のすべての議員の主人となし、そして、最も緊急な場合に国民のすべての力が一つの気まぐれによって阻止されるかもしれない。

これは下院（庶民院）についての議論ですが、だからこそモンテスキューは「出生、富、名誉によって際立った人々」からなる上院（貴族院）が必要で、両議院間にも抑制・均衡が働くべきだと考えました。

保守主義者の現状維持

こうして、立法権力は、貴族の団体にも人民を代表するために選ばれる団体にも委ねられ、両団体はそれぞれ別々に会議と審議をもち、別個の見解や利害をもつであろう。

……これら二つの権力はいずれも緩和するための一つの規制的な権力を必要とするが、立法府のうち貴族によって構成される部分が、この効果をあげるのに極めて適している。

そして、モンテスキューは執行権が君主に属し、立法権と執行権とのあいだにも抑制・均衡が作用すると考えました。かれのいう執行権は法律の執行権より広く、外交・軍事権を含みます。

執行権力は君主の手中におかれるべきである。政体のこの部分は、ほとんど常に即時の行動を必要とするので、多くの人よりも一人によって、よりよく処理されるからである。これに反して、立法権力に属することは、一人よりも多くの人によって、よりよく決められることがしばしばである。

君主が存在せず、執行権力が立法府から選ばれた若干の人々に委ねられるならば、もはや自由は存在しないであろう。なぜなら、二つの権力が結合され、同じ人々がそのいずれにもときとして参加し、また、常に参加しうるからである。

要するに、モンテスキューの権力分立論は、いまでいえば司法ぬきの立法・行政の二権分立論だったのです。

以上の論述を踏まえて、かれはこう結論します。

民主政や貴族政は、その本性によって自由な国家であるのではない。政治的自由は制限政体にのみ見出される。しかし、それは制限政体の国々に常に存在するわけではなく、そこで権力が濫用されないときにのみ存在する。しかし、およそ権力を有する人間がそれを濫用しがちなことは万代不易の経験である。彼は制限に出会うまで進む。信じられないことだが、徳でさえ制限を必要とするのである。

権力を濫用しえないようにするためには、事物の配置によって、権力が権力を抑止するようにしなければならない。誰も法律が義務づけていないことをなすように強制されず、また、法律が許していることをしないように強制されないような国制《コンスティチュシオン》が存在しうるのである。

ここにみられるのは、権力の乱用を抑止するのは理性や法ではなく、他の政府部門の権力でしかないというリアルな認識です。権力はつねに拡大する。権力の乱用を防ぐのは権力のみ。だから、権力は権力をもって制する——これが権力分立論の核心です。モンテスキューの権力分立論が読者に強い印象をあたえ、各国の憲法に大きな影響力をもったのは、それが観念論ではなく、歴史的な経験知だったからです。

3　法の支配と自由主義

法の支配と人権宣言

ところで制限政府とは、法により権力が制限された政府、つまり立憲政治のことです。

一般的にいえば「法の支配《ルール・オブ・ロー》」です。これによって政治権力を制限し、個人の権利・自由をまもることが可能になります。近代憲法が人権保障の部分と、政府組織を定めた部分とで構成されているのは、そのためです。

「法の支配」もまた、中世以来の長い歴史をへて形成されてきました。国により発展の経緯も、意味するところも同じではありません。しかし、ここでそれを詳述する余裕も必要もないでしょう。エピソードふうにいえば、法の支配は一三世紀英国の法律家・ブラクトン卿が「国王といえども神と法の下にある」といったのに始まるとされています。

ここにいう法とは、王が発する布告ではなく、コモン・ローと呼ばれる慣習法を指します。これによって、英国人の伝統的な権利がまもられてきたと考えられていました。法律家の任務は、この不文の慣習法から法を発見し、事件に適用することでした。ちなみに、ブラクトンは王座裁判所の裁判官で聖職者、コモン・ローの大家でもあります。

このように本来、法とは権力者が制定した実定法ではなく、公正で普遍的な法規範を意味します。だから「法の支配」は、公正な法によって権力政治を抑制し、権利・自由を保障する機能をもつわけです。

こうしたいきさつから、法の支配の歴史は人権の歴史と重なります。法の支配の最初の成果はマグナ・カルタ（大憲章、一二一五年）でした。ジョン王の専横に反抗した封建貴族が、かれらの権利を王に認めさせたのです。当時、これは貴族の特権擁護にすぎませんでしたが、のちに商人らの権利規定が加わり、人権宣言の先駆けとなりました。その流れはやがて権利請願（一六二八年）、権利章典（一六八九年）へと受けつがれ、いまも英国憲法の三大法典とされています。

一方、米国では植民地時代から、制定法より上位の自然法が存在し、そこに普遍的な人権が定められていると考えられました。「生まれながらの人権」をうたったヴァージニア権利章典（一七七六年）は、米国で最初の人権宣言でした。これは、同年に制定された政府組織法とあわせて、州の憲法とされています。

その翌月、独立宣言が発せられました。そこには、こうあります。

われわれは、自明の真理として、すべての人は平等に造られ、造物主によって、一定の奪いがたい天賦の権利を付与され、そのなかに生命、自由および幸福の追求の含まれることを信ずる。また、これらの権利を確保するために人類のあいだに政府が組織されたこと、そしてその正当な権力は統治者の同意に由来するものであることを信ずる。そしていかなる政治の形体といえども、もしこれらの自由を毀損するものとなった場合には、人民はそれを改廃し、かれらの安全と幸福とをもたらすべしと認められる正義を基礎とし、また権限の機構をもつ、新たな政府を組織する権利を有することを信ずる。

この周知の一節は、人民主権にもとづく政府の樹立と、その目的が人権保障にあることを高らかに宣言しています。

もうひとつ見落とせないのは、マサチューセッツ州憲法（一七八〇年）です、この憲法は人権規定を設けるとともに、「人の統治ではなく、法の統治」をうたっています。いうまでもなく、法の統治とは法の支配のことで、その目的が人権保障であることを明記していたのです。

合衆国憲法はこのような州憲法の先例を踏襲して、一七八七年に成案を得、翌年に必要な一三州中九州の承認により発効しました。その特徴が権力分立による抑制と均衡にあることは前述しましたが、次ページにこれを図示しておきます。

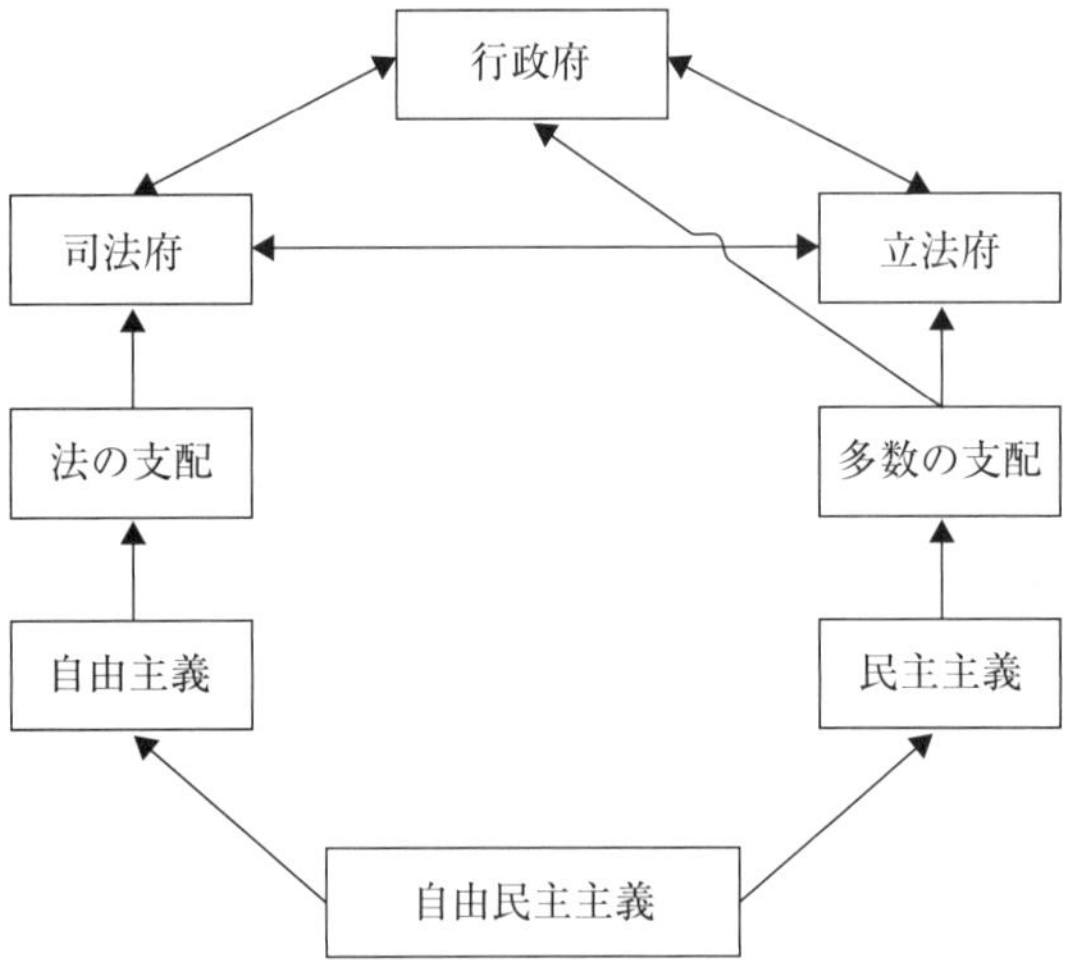

←→は抑制・均衡を示す。

図　自由民主国家の統治機構

自由主義と民主主義

自由民主国家の統治機構は、自由主義《リベラル》・的民主主義《デモクラシー》の理念にもとづいています。その民主主義を制度化したのが政治部門（立法・行政府）で、自由主義を制度化したのが司法府です。政治部門は直接・間接に人民による選挙でえらばれるため、多数の支配の原理が働き、権力を乱用するおそれがあります。これに対して、司法府は法の支配の原理にもとづき、立法・行政権の拡大を抑制し、個人の権利・自由をまもろうとします。この三権間の抑制と均衡は、自由主義の理念にもとづいています。

権力の抑制・均衡は、議院内閣制より大統領制のほうが強くあらわれます。前者は首相と閣僚を立法府の議員から選び、その地位は議会の信任を要するのに対して、後者では行政府の長も立法府の議員も選挙でえらばれるため、たがいに正当な権力を主張しあい、抑制・均衡の度合いが高まるからです。また、司法府と立法・行政府との権力関係も多様ですし、中央政府と地方自治体とのあいだにも権力の抑制・均衡が働きます。このように権力分立制にはさまざまなヴァリエーションがありますが、単純化すれば図のモデルとみてよいでしょう。

要するに、自由民主国家の統治機構には民主主義（じつは多数の支配）を制度化した機関と自由主義（法の支配）を制度化した機関とが混在しています。そして、民主主義の動向が強まったり、自由主義の風潮が高まったりすると、そのたびに民主主義の制度と自由主義の制度とのあつれきが増し、抑制・均衡の維持ないし破綻が顕在化します。

民主主義は人民の合意にもとづく統治です。それは、人民をいっさいの権威と権力の源泉とみなします。だから、民意にもとづく権力は強ければ強いほどよろしい。民意がよりよく実現されるからです。その意味で、民主主義は決して独裁を排除する思想ではありません。むしろ、独裁を呼び起こしかねない、きわどい政治思想なのです。

そのことは歴史が証明しています。イギリスの清教徒革命はクロムウェルの独裁を生み、フランス革命はロベスピエールの恐怖政治をまねきました。民主主義の発展を標榜《ひょうぼう》した社会主義革命は人民独裁（じつは共産党独裁、スターリン独裁）をもたらしたことは周知のとおりです。

こうした民主主義の逸脱に歯止めをかけるのが自由主義の思想です。自由主義は個人を尊重し、個人の自由に対する国家権力の干渉をできるだけ排除しようとします。自由主義にとって権力は必要悪であって、よい権力というものはありません。まして、正しい権力などというものはありえません。だから、自由主義を徹底すれば無政府主義に行きつくでしょう。

民主主義が権力の正統性を問うのに対して、自由主義は権力の限界や行使の仕方を問題にします。つまり、権力を法で縛ろうとします。その役割を担うのは司法です。だから、司法が拠《よ》って立つ原理は「法の支配」であって、民主主義や多数の支配の原理ではありません。

わたしたちは「自由民主主義」とひとことで気軽にいいますが、民主主義と自由主義は異なる原理をもつ政治思想です。前者の核心は人民の権力への参加にあり、後者の核心は個人の権力からの自由にあります。両者は水と油のように、混ざることはあっても決して融け合うことはありません。自由民主主義は、この相反するベクトルをもつ二つの原理の微妙なバランスの上に成り立っているのです。

このようにみてくると、「多数決は民主主義のルールだ」という人たちは、民主主義を多数の支配と誤解したうえで、多数決を民主主義に固有の意思決定と考えているように思われます。

しかし現代の政治思想家、ハンナ・アレントは多数決が民主主義に固有の意思決定方式ではないとして、多数決と多数の支配の混同をつぎのように批判しています。

多数決というのは技術的な工夫であって、それが有権者全員の集会であろうが、タウン・ホール・ミーティングであろうが、あるいは支配者の下に選ばれた顧問たちの小さな評議会であろうが、要するに、あらゆるタイプの審議機関や討論集会に、ほとんど自動的に用いられているように思われるものである。いいかえれば、多数決原理は政策決定過程そのものに固有のものであり、したがって、おそらく僭主《せんしゅ》政だけを唯一の例外とすれば、専制も含めてあらゆる統治形態に存在しているものである。ただ決定がおこなわれたのちに、多数者がさらに進んで少数反対派を政治的に――極端なばあいには肉体的に――粛清するばあいにのみ、多数決という技術的工夫は、多数の支配に堕落するのである。

そして、こうつづけます。

アメリカでは、憲法は、人知の及ぶかぎり、多数者による決定の手続きが、多数者による支配の「選挙制専制主義」におちいるのを防ごうとする明白で意識的な目的をもってつくられたのである。(『革命について』)

このようにアレントは、多数決を政治共同体に共通の意思決定方式と考え、多数決が少数者を抑圧する「多数の支配」に転落することを厳しく批判しました。ちなみに、アレントはナチスのユダヤ人迫害を逃れて米国に亡命し、代表作『全体主義の起源』で知られています。

けれども、多数決は果たしてアレントがいうように「技術的な工夫」にすぎないものなのか。いささかも政治的含意のない、価値中立的な「技術」なのでしょうか。わたしはそうは思いません。

多数決には、多数派の意見を正当化し、権威づける効果があります。多数派の意見をその集団の意見とみなすからです。とくに政治の場での多数決の場合には、この権威付与効果が統治の支えになります。つまり、みんなで民主的に決めたことだから従うのは当然だ、ということになります。

権力を利する多数決

しかし、多数決の結果はほんとうに「多数の意見」なのでしょうか。そもそも、多数の意見がなぜ「集団の意見」とみなされるのでしょうか。それが問題です。

政治において多数決をとるのは、国家権力です。権力が多数決の〝仕切り人〟です。被治者は賛否に答えるだけです。だから、もともと多数決は権力に有利であって、統治の手段として利用されるのです。

その理由は、つぎの点にあります。

①争点の設定

まず、何について多数決をとるのか。争点を設定するのは、争点の提起者です。政治の場合、通常それは権力の側であって、わたしたちではありません。

たとえば、憲法改正の国民投票の提案権（発議権）は国会にあります。改憲の主導権は、憲法で縛られるべき権力が握り、国民は改憲案の賛否を問われるだけです。また、ワンポイント選挙（二〇〇五年、小泉政権の郵政選挙）や争点隠し選挙（二〇一七年、安倍政権の国難突破選挙）で与党は大勝しましたが、それは勝てそうな争点だけをとりあげ、政権に不都合な争点を隠したからです。

②二者択一の形式

設問は通常、二者択一の形式をとります。政治問題の多くは複雑に入り組んでいますが、設問は二者択一に単純化して、有権者に賛成か否かを答えさせます。争点を二者択一に単純化するのは、提案者つまり権力の側です。

また、設問の仕方（設問文）によって回答が異なりうることは世論調査でも知られていますが、これも提案者が作成します。そのために、ひそかな賛否の誘導も可能です。

③多数の決め方

多数決は単純（相対）多数決が原則です。棄権や無効票は計算に入れません。そのため、有効票の賛成が過半数であっても、有権者全体の少数派にすぎぬ場合がしばしば生じます。多数決の結果を「民意」と即断しえないゆえんです。

④表決の時機

表決（投票）のタイミングも結果を左右します。首相が解散・総選挙の時機に頭を悩ませるのもそのためです。表決の時機は提案者が決める以上、この点も権力側に有利です。

⑤集団の意思決定の歪《ひず》み

多数決には集団の意思決定の歪みが伴います。それは個人の意思決定の単純な総和ではありません。集団の成員間にパーソナル・インフルエンス（個人的影響力）が働き、多数決に影響するからです。グループ・ダイナミックスの理論を使って、これを分析した実証研究も数多くあります。

⑥情報の管理・操作

多数決は無菌室の実験ではありません。真偽とりまぜて雑多な情報が飛び交う情報環境（擬似環境）のなかで行われます。情報環境の形成に大きな影響力をもつのはマス・メディアですが、これは政治的・経済的権力が所有しています。近年、SNS（ソーシャル・ネットワーク・システム）を介したネット通信も影響力をもつにいたりましたが、これは多国籍の巨大企業が占有しています。ここに、権力介入の余地が生じます。

⑦検証の必要性

元来、多数決は政策決定です。その当否を判断するには、多数決で採択した政策の効果、メリット・デメリット、他の政策との整合性などを検証しなければなりません。限られた時間と情報と人知による政策決定は試行錯誤を免れないため、事後の検証でその効果を測定し、政策の修正や廃止が必要になることもあります。つまり、多数決で万事決着ではなく、多数決の結果はつねに変更されうる暫定的なものです。

政策変更の要求は、異議申立てとなってあらわれます。異議を申し立てるのは、多数決で負けた少数派とは限りません。政策の効果が期待に反した多数派からも起きます。だから、多数派・少数派を問わず、決定の政策効果の検証が必要です。

この異議申立ての自由と政策効果の検証がなければ、多数決は「多数の支配」「多数の専制」に堕してしまいます。これは歴史が証明済みです。多数決は「民主主義のルール」どころか、圧政の手段ともなりうることを、わたしたちは決して忘れてはなりません。

このように考えてくると、多数決をなにごとにでも安易に適用するのはまずいのではないか。多数決には限界があるのではないか、という疑問が浮かび上がってきます。さて、これは大問題です。

章を改め、多数決の限界をじっくり考えてみることにしましょう。

第4章

多数決の限界——人権保障

1 立憲主義

ある中学の法教育

話はいささか旧聞に属しますが、二〇一七年四月二八日付朝日新聞の教育面でこんな記事を読みました。見出しは「それ、多数決で決めていい？ 憲法や法律の考え方学ぶ 福井で法教育の実践」。本章のテーマを考えるヒントになるので、紹介しておきましょう。

福井市明道中で昨年9月、3年生の社会科授業「人権と日本国憲法」の中で、「アリとキリギリス」を題材にした創作劇が取り上げられた。福井弁護士会の有志メンバーが2012年に作った教材で、「アリの国」で集めた食糧をキリギリスに分けるべきか、分けるとしてだれが、どのように決めるべきかについて班に分かれ、考えた。

劇に登場するのは、弁護士扮《ふん》する「女王アリ」1人と「働きアリ」3人、「働けない老人アリ」と「病気アリ」が1人ずつ。そして、冬になり「食糧を分けてくれと頼んでくるキリギリス」1人。

最初の場面は、「このままだと飢え死にする」と訴えるキリギリスに対し、女王アリが一人で「同じ昆虫の仲間。分けてあげなさい」と決めるところから始まる。これをどう考えるか――。

生徒の賛成意見は「女王アリはみんなの代表だから」。一方、「リーダーだけで決めるのはだめ」との反対意見も出た。

担当の森川禎彦教諭（35）＝現・福井大教育学部附属義務教育学校＝が黒板に書いたのは「絶対君主制」。「女王アリ＝国王」という権力者の決定のみで物事が決まる時代が歴史上あったことに触れた。

劇では、アリたちが「みんなで決めた方がいい」と考え始めるが、「ジャンケンで決める」などまとまらない。生徒にどうやって決めるべきなのかと聞くと、「全員納得するまで話し合う」「いくつか案を出して最後は多数決」などの意見があった。

多数決で決める。しかし、だれが参加するのかという問題が残る。

劇では働きアリが「働いた人だけで決めるべきだ」と主張した。生徒からは賛成意見も出たが、「食糧を食べるのは皆同じだから全員が参加すべきだ」などの意見が多数。森川教諭がコメントしたのは、だれも境遇で差別されず、参加が保障される「機会の公正」という言葉だった。ここで1時間目の授業が終わった。

2時間目の授業では核心へ。蓄えたパンを毎日何枚ずつ分けるかをめぐり、アリたちが争いになる。多数決が下した結論は、働きアリ6枚、老人アリ2枚、病気アリ1枚。

病気アリも参加してみんなで決めたことだが、この多数決にはどこかおかしいところがある。生徒たちは言う。「病気アリが死んじゃう」「不公平」「病気アリが納得していない」

多数決の限界に気づいた生徒たち。森川教諭が「多数決で決めてはいけないことは何か」と問いかけた。ある班は、「命にかかわること」「相手が受け止められないことが最初からわかっていること」などと答えた。

授業は締めくくりへ。森川教諭が「国の政治を批判した人を処罰すること」など5項目をあげ、是非を聞いた。生徒の正答率は高く、発言の自由を禁じたり、差別を認めたりすることは直感的に許されないと思っていることがわかる。

生徒たちの直感を引き取りながら、森川教諭は立憲主義をこう説明した。「多数決で決めてはいけないことは人権にかかわることです。憲法に違反する法律を作ること

はできません。これを立憲主義と言うのです」(編集委員・豊秀一)

なお、記事中の「五項目」はつぎのとおり。

多数決で決めてよいこと○　よくないこと×は?
A　国の政治を批判した人を処罰すること　×
B　一八歳以上の国民に選挙権を認めること　○
C　男性のみに選挙権を認めること　×
D　税金を何に使うかを決めること　○
E　政府が国民一人ひとりの職業を決めること　×

これは見事な教育実践です。教材をつくった弁護士たちに敬意を表します。寡聞にしてわたしは、これほどわかりやすく多数決の限界について考えさせる例を知りませんでした。この授業のねらいは、なんでも多数決できめてよいわけではなく、多数決できめてはならないこともある、と気づかせる点にあります。そして、多数決できめられないのは人権にかかわる問題であり、憲法が人権を保障していること。その憲法によって権力の行使を縛ることを立憲主義といい、これがいかに大切かを中学生に自分のあたまで考えさせようとしたことです。

この「多数決の限界」は、多数決を考えるうえできわめて重要なポイントです。とりわけ、多数決万能の風潮が蔓延《まんえん》するこの国においては。多数決と多数決信仰、多数決主義とは違います。その違いは多数決の限界を心得ているかどうかです。多数決は本性上、多数の支配を正当化する以上、そのことを知ったうえでうまく使いこなす術《すべ》をわたしたちは身につけねばなりません。

多数決の限界としての人権

政治学者のデイヴィッド・ミラーは、多数決の限界についてつぎのように述べています。

多数派に投票する人々の方は決定の所産による影響をあまり受けなかったり、もしくは問題そのものにあまり関心をもっていなかったりするのに、少数派の人々はそうではない。……この場合、頭数は平等に数えられているかもしれないが、選好や利害はそうでないように思われる。第二の状況は、票決がなされるたびに、ある特定の集団が繰り返し少数派となることがわかっている場合である。……以上の二つを言い換えるならば、熱心な少数派という問題と、永続的な少数派という問題があるのである。

　デモクラシー体制の中でこうした問題に、どのようにとりくむことができるのだろうか。我々がとれる方法は、だいたい二つほどある。第一の方法は、少数派を保護するような仕方で多数派支配の範囲を限定づけるよう、憲法を工夫するというものである。たとえば、すべての市民に実質的な保障がされねばならない権利のリストを含んだ憲法、というものがあるかもしれない。このリストにある権利を侵害するような法律や政策が提案された場合、それは憲法違反として退けられるであろう——したがってそこには特別の権威的な機関、通常は何らかの憲法審査裁判所が存在しているはずであり、現在審議されていたり、暫定的に採用されている法案が憲法違反であるかどうかを決定できる権力を付与されているのである。この場合、多数派が何を決定したとしても、憲法に明記された自らの基本権が侵害されることはありえないという保障をすべての少数派がもつことになるのだ。（強調は原文。『はじめての政治哲学』）

そしてミラーは、少数派を尊重するもう一つの方法として連邦制をあげています。が、この点はトクヴィルが論及していたところで前述しましたから、ここでは省略します。

立憲主義を保障するのは、ハミルトンがつとに強調し、ミラーも指摘するとおり違憲立法審査制です。

違憲立法審査制とは、議会が制定した法律の合憲性を裁判所が審査し、違憲と判断したときは無効にする制度です。つまり、議会が多数決できめたことを裁判所が覆すわけです。これは多数決に限界があることを意味します。日本国憲法も違憲審査制を定めているのはご存じのとおりです（七六条三項、八一条）。

むろん、裁判所が法律の合憲性を審査するといっても、違憲の法律（の規定）を事件に適用しないだけで、廃止するわけではありません。立法権は議会にある以上、違憲の法律（の規定）を改廃する権限は議会にあります。それでも違憲審査制は、司法が個別の訴訟で違憲の法律（の規定）の適用を拒否することによって、多数の専制を抑止し人権を保護することができます。

なお、これと似た制度に狭義の憲法裁判所があります。これは具体的な訴訟を待たずに、裁判所が法律の合憲性を抽象的に審査し、違憲と判断すれば法律が廃止になるという制度です。フランスなどで採られていますが、ここでのテーマからそれるので省略します。ですから、多数決に限界があるかどうか、が問題なのではありません。多数決に人権の制限があることは、立憲主義の原理から当然です。しかし、ひとことで人権といっても、いろいろな人権があります。どんな人権が多数決を制約するのか、がつぎの問題になります。

この点について、ミラーは「長い人権のリスト」と「短い人権のリスト」を分け、こう論じています。

> 政府が遵守すべき絶対的な規準を定める手段として人権を利用するとしても、そのリストを基本的で短いものにしておく場合にのみ、その効果があることもわかった。市民権に関するより長いリストが社会によって異なるのは正当なことであり、したがってこのリストをめぐって政治的に論争することは適切であることになる。ある時代に不可欠であるように思える権利が、後になって社会的に害を及ぼすものだとわかることもあるのだ。〔ミラーは、民兵のため市民に武器所持を認めた米合衆国憲法修正第二条が、いまでは銃犯罪の多発をまねいている例をあげる〕

すると、自由は大変重要な政治的価値であるのだが、政治的権威の行使に対して絶対的な制限を課すべきものとされるほど重要なわけではないのである。特にデモクラシーの下では、〈自由を促進するための資源の利用〉〈自由と社会的責任〉そして〈すべての市民が享受すべき権利〉をめぐる問題が公然と論議されるであろうし、こうした問題に答える際、多くの人は自由以外の原理――平等、公平、共通善、自然の尊重、文化の保護など――に訴えるであろう。こうした議論が進むにつれ、ある種の自由が取り上げられ、おそらく成文憲法の中に基本権として神聖化されるだろう。しかしながら、それは最終的な決着ではない。社会が変化し、新しい必要や新しい問題が生じてくるにつれ、自由の形態そのものも変わっていくのである。(前掲書)

そして、かれはインターネットや電子工学による監視、遺伝子操作の例をあげ、二〇年後にはどんな新しい人権問題が生じるか、だれにも予見できないとしています(本書は二〇〇三年刊)。

これは面倒なことになりました。こうなると、そもそも「人権」とはなにか、という法哲学の根本問題にぶつかります。わたしはこの問題に深入りするつもりはありませんが、答えのヒントはアマルティア・センの人権論にあると考えます。

アマルティア・センの人権論

かれはインド出身の経済学者。ケンブリッジ大学、ロンドン大学、ハーバード大学の教授を歴任し、ノーベル経済学賞を受賞。国連の「人間の安全保障委員会」の共同座長を緒方貞子（当時、国連難民高等弁務官）とともに務め、国家の安全保障から人間の安全保障への転換を促す報告書を作成しました（二〇〇三年、総会で採択）。

センは、人権を完成したものとしてではなく、その形成過程で捉えます。そして、「〈人権〉宣言は本質的には倫理上の表明であって、何よりも、一般に考えられているような法的主張でない」（強調は原文）といいます。「実際、倫理的な権利が、新しい法律の基礎となりうる――そして現実にもしばしばそうなってきた――ことに関しては、ほとんど疑う余地がありません」（『人間の安全保障』）。

一般に、法と道徳の違いは強制力の有無にあるとされています。法も道徳も「すべし」「すべからず」の規範ですが、前者は国家権力によって強制され、後者は国家権力の強制を伴いません、個々人の良心に従うのみです。つまり、権利とは国家が承認し、国家権力によって保護された法的権利をいう、とされてきました。これに対して、センが問題にしたのは、倫理的要求がなぜ、どのようにして「法的権利」となるのか、というプロセスです。

かれによれば、それには三つの段階ないし道があります。すなわち、①認知の道、②社会運動の道、③立法化の道です。それぞれについて見ていきましょう。

まず、①「認知の道」とは、人々の倫理的要求が広く社会の支持を得て、承認されることをいいます。倫理的要求は社会的承認を得て「倫理的権利」になりますが、これには国家権力による強制の裏打ちはありません。ただ、「〈人権〉がもつ倫理的な影響力を社会的に認知し、その位置づけを承認すれば、強制する制度がなくても、実際にはその効力は増すだろう」と考えてのことです。世界人権宣言（一九四八年）などはその例です。

②「社会運動の道」とは、組織的な人権の擁護活動によって、政府に対し人権の保障を求めたり、人権の侵害を監視したりして社会的圧力を効果的にかけることをいいます。

社会運動が求める人権は、国によって法的権利とされている場合も、されていない場合もあります。が、法的裏づけのない場合でも、人権の擁護や支援が無駄になることはありません。その社会的圧力が、国家権力の保護する法的権利への道を開くからです。

また、人権が法的権利として認められ、国家権力によって保護される場合でも、人権をきちんとまもらせるには、やはり積極的な社会運動が必要です。そのための国際的NGO（非政府組織）としては、ヒューマン・ライツ・ウォッチ、アムネスティ・インターナショナル、オックスファム、国境なき医師団、赤十字、セーブ・ザ・チルドレン、アクション・エイド、国境なき記者団などがあります。

③「立法化の道」とは、字義どおり人権を法制化することです。いいかえれば、国家が人権を「法的権利」として認め、その強制力によって人権をまもることです。そして、その役割は司法にあり、その権限が違憲審査権にほかなりません。司法が「人権の砦《とりで》」といわれるゆえんです。

だとしたら、違憲審査権がどのように行使されてきたかを、この制度発祥の地である米国で見ておく必要があるでしょう。

2　違憲審査の二重基準

司法積極主義と司法消極主義

米合衆国憲法の生みの親、ハミルトンが違憲審査権を重視したことは第3章で前述しました。もっとも、この点は憲法制定会議ではあまり議論にならなかったため、憲法に明文規定はありません。違憲審査は一八三〇年のマーベリー対マディソン事件判決以後、判例で確立した制度です。そしていまでは「憲法とは、九人の最高裁判事がこれが憲法と言うものだ」と評されるほど司法の権威が高まりました。

元来、連邦国家における中央政府の権限は限定的で、残余の権限は州が留保しています。それだけに当初、連邦裁判所は違憲立法審査権の行使には慎重でしたが、その転機となったのは一九三七年のこんな〝事件〟でした。

フランクリン・D・ルーズヴェルト大統領は、一九二九年恐慌からの復興のため、大規模な公共事業と労働者・農民の保護を柱とするニューディール政策を実施しようとしました。ところが、連邦最高裁はニューディール関連法を企業の財産権の侵害として相次いで違憲判決を下します。しかも五対四のぎりぎりで。

怒った大統領はこれに対抗するため、最高裁判事を増員して、ニューディール支持派の判事を過半数にしようと試みました。が、この企ては「最高裁詰め替え案《コート・パッキング・プラン》」と揶揄《やゆ》され、各界のきびしい批判を浴びて撤回を余儀なくされます。ところが、司法への人事介入を恐れてか、一人の保守派判事がニューディール支持に〝転向〟しました。こうして最高裁の憲法解釈の変更によりニューディール政策は稼働し、米国は恐慌から立ち直ることができました。かれらはこれを「一九三七年憲法革命」と呼んでいます。

二度目の違憲審査の変化は、言論・出版の自由をめぐって起きました。その節目は何年とは特定できませんが、およそ一九四〇～五〇年代のことです。

もともと米国には、言論・出版の自由はたんなる私的自由ではなく、民主主義を支える公的権利として、他の人権より「優位的地位」を占めるという考え方があります。この見地からすれば、言論規制にはきびしい違憲審査は当然です。「公共の福祉」や「公共の安全」のためといった曖昧な理由で規制することは許されません。もし問題の言論活動を認めれば、さし迫った重大な社会的害悪が生じることが明らかでないかぎり、司法は言論規制を違憲と判断すべきだというわけです。これを「明白かつ現在の危険の原則《クリア・アンド・プレゼント・ディンジャー・ルール》」といいます。

この判例理論は一九四〇年代に、連邦最高裁リベラル派のホームズ判事とブランダイス判事が提唱しました。もっとも、当初はどのような言論がこの原則に該当するかは不明確で、「劇場内で偽って火事だと叫んで、大混乱を起こすような場合」を例示するにとどまっていました。

しかしやがて、この違憲審査基準は一連の防諜法《ぼうちょうほう》事件に適用され、その意味内容が次第に明確化されました。すなわち、「明白かつ現在の危険」とは、重大な社会的害悪の発生の必然性と切迫性を意味し、その立証がないかぎり言論規制は違憲と判断されること。この原則は平時・戦時を問わず、また事前規制にも事後規制にも適用されることです。

たとえば、社会党の左派幹部が機関誌で共産主義革命を唱導したことがニューヨーク州の無政府主義取締り法違反として訴追されたギトロー事件（一九四三年）で、ホームズ判事はこう述べました。

わたくしが正しい基準と考えるものが適用されるならば、被告人の見解に与《くみ》する明らかに僅かな少数者が暴力をもって政府を転覆することを試みる明白にして現在の危険が存在しないことは明瞭である。左派宣言が理論以上のものであり、扇動であると主張される。あらゆる思想は扇動である。……もし、プロレタリア独裁として表示された信念が、将来において結局、社会の支配的勢力によって承認をうける運命をもつとすれば、それにも発表の機会を与え、思うままにさせることこそ、言論の自由の意味するところである。

しかし、このような見解は、ホームズ判事の在任中（一九〇二～三二年）は最高裁の主流になれず、かれは「偉大な反対派《グレート・ディセンター》」と呼ばれました。人権擁護の判決が出始めたのは一九四〇年代半ば、これが定着したのはリベラル派のアール・ウォレン長官時代（一九五三～六九年）のことです。

右にみたように、違憲審査にはゆるやかな審査ときびしい審査とがあり、前者は司法消極主義、後者は司法積極主義と呼ばれます。いまでは、経済統制には司法消極主義を、言論規制には司法積極主義をとることがほぼ定着しました。事件の性質によって違憲審査のスタンスを変えるわけで、これを司法審査の「二重基準《ダブル・スタンダード》」といいます。

もう少し詳しくいうと、司法審査にあたって経済統制は合憲の推定を受け、規制される側が違憲を立証しないかぎり合憲の判断が下されます。これに反して、言論規制については、その目的が適法で、規則の手段が相当であることの立証責任は政府の側にあり、それが立証できなければ違憲判断が下されることになります。この司法審査の二重基準を言論規制について具体化したのが「明白かつ現在の危険の原則」の判例理論だったわけです。

福祉国家の社会権

ところで、日本では「二重基準」はあるのでしょうか。あります。その旨を憲法が明記しています。

日本国憲法は「財産権の内容は、公共の福祉に適合するやうに、法律でこれを定める」（二九条二項）とし、職業については、何人《なにびと》も「公共の福祉に反しない限り」職業選択の自由を有する（二二条一項）と規定しています（営業の自由を含む）。憲法が個別の人権規定で「公共の福祉」の制限を明記しているのは、これら経済的自由権だけです。

こういうと、憲法一二条・一三条は人権一般に「公共の福祉」の制限を認めているではないか、とおっしゃるかもしれません。だが、それは違います。一二条・一三条の「公共の福祉」は人権一般の内在的制約、いいかえれば人権相互の調整原理を意味しますが（たとえば名誉毀損《きそん》)、二一条・二九条の「公共の福祉」は経済的弱者を保護するために経済的強者の営利活動の自由を制限するのであって(たとえば独占禁止)、ことばは同じでも意味内容が違います。

憲法の人権規定をよく読んでいただきたい。人権の総則規定というべき一一条は、すべての国民に永久不可侵の基本的人権が保障されると定めています。そのうえで、一二条は人権保持のため不断の努力を国民に求めるとともに、人権の乱用を禁じ「公共の福祉のためにこれを利用する責任を負ふ」と定めています。さらに一三条は、個人の尊重をうたい、生命・自由・幸福追求の権利は「公共の福祉に反しない限り、立法その他の国政の上で、最大の尊重を必要とする」と規定しています。これで明らかなように、人権尊重はなによりも政府の責務であり、司法はその〝目付け役〟なのです。

ここで、根本的な疑問が生じます。司法がなぜ、議会の多数決による立法を違憲・無効としうるのか。選挙されたわけでもない裁判官になぜ、違憲審査権があるのか。それは民主主義の原理に反しないか、との疑問です。

この点について、憲法学者のバーネット教授は、つぎのように説得的な説明をしています。

決定が真に民主的であるためには、その決定に到達する過程が、思想、表現、討論の自由の拘束されない作用によって、現在の少数者も将来の多数者に変化するために、できるだけ自由な働きを与えるものでなければならない。この見地から、討論の抑制されざる自由（それは国家への重大かつ即時にさし迫った危険によってのみ制限される）は、民主的立法過程そのものの、前提要件となるものでありながら、実際には、その欠くことのできない構成部分である。かくして、事実上、一時的な多数者によっておかれる、思想および表現の自由への制約を支持することは、現実には、その時の少数者が多数者に転移する民主的過程——民主政の観念そのものに本質的な過程——が起こりうることを困難ならしめることになる。かかる考え方に照らしてみるとき、民主政は、成熟した民衆の決定のための手続的前提条件が完全に働くことに対する障害が除かれ減ぜられるごとに、根本的に改善されるのであり、これは、一般的な社会的経済的立法に体現されている成熟した民衆の判断の実体的結果を尊重する政策の採用によって、民主政が改善されるのと全く同じである。（強調は原文。「ホームズ判事、市民的自由、ホームズ伝統」）

要するに、議会が熟議を怠り、少数意見を十分に考慮していないのではないか、を政府や世論から独立の裁判所がきびしく審査する。そうすることで、民主政は改善されると論じているのです。本書のテーマに引きつけていえば、多数決の弊害ないし誤用を司法が正すことこそ、司法の役割だというわけです。

3 人権の普遍化

普遍的人権とはなにか

このように考えてくると、では、多数決で決められない人権の範囲いかんが問題になります。ミラーのいう「短い人権のリスト」です。わたしはこれを「普遍的人権」と呼びたいと思います。だれでも、どこでも、いつでも保障される人権のことです。保障されるとは、人権が「法的権利」として制度化され、司法の保護をうけることを意味します。そして、どのような人権が「普遍的人権」なのかは、ミラーのいうとおり時代と社会により変化せざるをえません。

たとえば、死刑について考えてみてください。死刑は、人身の自由の究極の剥奪です。死刑をめぐっては存続か廃止かの議論が対立していますが、フランスは憲法で死刑を禁じ、EUは死刑廃止を加盟の条件にしています。日本では最高裁の死刑合憲判決（一九八四年三月一二日大法廷判決）があり、最近ようやく日本弁護士連合会（日弁連）が死刑廃止の方針を決めたところです（二〇一九年）。ちなみに、世界では死刑を廃止ないし停止した国は八〇カ国にのぼります（アムネスティ・インターナショナル調べ）。

普遍化しつつあるのは死刑廃止だけではありません。「貧国からの自由」も普遍的人権と考えられるようになりました。

F・D・ルーズヴェルト米大統領は、かつて「四つの自由」を提唱しました（一九四一年一般教書）。言論の自由、信教の自由、恐怖からの自由、欠乏からの自由です。言論や信教の自由は精神的自由権に属しますが、「恐怖からの自由」は平和への希求を、「欠乏からの自由」は貧困の解消を意味します。これは第二次大戦で連合国側の戦争の名分とされ、戦後の世界人権宣言（一九四八年）にひき継がれました。

「貧困からの自由」は古典的な人権リストには含まれていません。貧困からの脱出は本人の努力次第で、せいぜい慈善の対象でしかなかったからです。しかし、資本主義経済の発展は否応《いやおう》なしに貧困を生み出します。とくに今世紀に入るころから、経済の急速なグローバル化が国家間や国内の経済格差を拡大・固定化し、中産層の「新しい貧困」をもたらしました。加えて、市場万能と小さな政府を唱導する新自由主義《ネオ・リベラリズム》が福祉を切り捨てたため、貧困からの解放はますます切実な課題となっています。

これを解決するには、社会政策による弱者の保護と強者の規制が不可欠です。日本国憲法は、先にみたとおり経済的自由権に「公共の福祉」の制約を課す一方、「健康で文化的な最低限度の生活を営む権利」（二五条）、教育を受ける権利（二六条）、勤労権（二七条）、団結権・団交権（二八条）など社会権を保障しています。経済的自由権の制限と社会権の保障とは、一枚のメダルの表裏です。

ちなみに、米国憲法には社会権の規定がありません（憲法が社会権を初めて保障したのは一九一九年のワイマール憲法）。そのため苦肉の策として、司法審査の二重基準を使って経済的弱者を保護してきたのです。が、日本国憲法は社会権を列記しています。じつは、その原案の作成にGHQ（連合軍総司令部）民政局のニューディーラーたちが加わっていたというのも、興味深いエピソードです。

ともあれ、こうして憲法が保障する人権は徐々に増大し、普遍化しました。さらに、プライバシー権、知る権利、女性の権利、子どもの権利、障害者の権利など「新しい人権」も主張されています。

プライバシー権の保護

もうひとつ、プライバシー権を例に考えてみましょう。これは、もっとも私的な自由権です。

プライバシー権を初めて提唱したのは一八九〇年、弁護士のS・D・ウォレンとブランダイス（ともに、のち米連邦最高裁判事）が『ハーバード・ロー・レビュー』に発表した論文です。当時、盛んだったゴシップ・ジャーナリズムから個人を保護するため、「ひとりで放っておいてもらう権利」を論じました。その後、この権利は拡充され、いまではプライバシー権は「自己情報のコントロール権」と再定義されています。こうなると、プライバシー権は、もはや他者に干渉されない消極的な自由権にとどまりません。国家による積極的な保護が必要になります。

日本でも二〇〇三年に、個人情報保護法が制定されました（二〇一五年改正）。これは個人情報の収集制限、他目的利用の禁止原則などを定めたもので、官公庁だけでなく民間企業にも適用されます。

ところが近年、予想もしなかったプライバシーの侵害が多発し、個人情報の自己管理が不可能になりつつあります。インターネットの普及とビッグデータのＡＩ（人工知能）による解析が進化したため、本人の知らぬまに個人の特性を推定して行動を予測し、誘導することが可能になりました。二〇一六年、おおかたの予想を裏切った英国のＥＵ離脱やトランプ米大統領の誕生がその例です。

このような大容量の個人情報処理システムは、すでに広告・宣伝、金融取引、社員の採用、医療、教育、犯罪の取り締まりなどに広く利用されています。もちろん、悪事にも利用可能です。その怖さは加害者が特定しにくいうえ、システム自体がブラックボックスで技術上、人間がコントロールしがたい点にあります。しかも、この種のＩＴ会社は世界を股にかけた寡占企業で、一国だけでは規制のしようがありません。ＡＩが人間に代わって〝最適判断〟を下すこのシステムは、人間の尊厳と民主主義を根底から脅かします。

このほど、ＥＵは一般データ保護規則（ＧＤＰＲ。General Data Protection Regulationの略）を制定しました（二〇一六年。一八年施行）。この規則は、ＥＵ内で活動する企業を適用対象とし、氏名・住所・ＩＰアドレス・位置情報・消費記録・通信履歴などＥＵ市民の個人データへのアクセスやデータ移転を規制しています。違反には二〇〇〇万ユーロ（約二四億円）または年間売上高の四％の制裁金が科せられます。しかも、このEU規則は加盟国の国内法化を要せず、直接にEU市民に適用されます。つまり、EU市民は、自国に保護法がなく、加害者が外国企業であっても、直接にEU人権裁判所に訴えることができるわけです。

〝一国民主主義〟からの脱却

これまでの民主主義は、いわば〝一国民主主義〟でした。国民国家《ネーション・ステート》を単位とした〝内輪の民主主義〟でした。だから、人権問題も国内問題にとどまっていました。むしろ、民族自決・内政不干渉の原則によって、他国の干渉を許さないものとされてきました。

しかし、人権は国境を越えます。普遍的人権は国籍や出生地を問わず保障されてこそ、「普遍的人権」の名に値します。多国籍企業の人権侵害は各国がバラバラでは対応できず、国家を超えた規制と司法救済が必要になります。「人権の普遍化」には超国家の司法救済が伴わねばなりません。

人権保障はいまや、新たな局面を迎えました。トニー・エバンスは、国家を超えた人権の世界秩序をこう展望します。

普遍的人権を国際政治の中心に置こうとする戦後の計画は、ただ単に主権国家からなる社会という狭い世界秩序観を超える一層包括的な国際関係観を示唆する。グローバリゼーションの承認により、この計画は重要性を獲得した。そのため世界中の人々は、いまや人権のような自分の権利に気づいている。社会運動の発展、とくに、女性や環境と結びついた社会運動の発展ゆえに、国家を最優先し、人権をその次におく伝統的な思考は逆転させられつつある。グローバルなNGOの仕事は、社会的・政治的統合の新しい形態の証拠と多くの人に考えられており、伝統的でナショナルな政治的共同体を越える市民社会の広がりを生み出している。(「民主化と人権」A・マッグルー編『変容する民主主義――グローバル化のなかで』)

財・負担の配分と公平

話を戻すようですが、ここで一言、釈明させてもらいます。本章の冒頭で紹介した教育実例が果たして適切だったかどうか、どうも気になるからです。

アリとキリギリスの創作劇には、いくつかの論点が含まれています。①アリたちはキリギリスに食料を分けてやるべきか。②分けてやるとしたら、どれくらいか。③その負担をアリたちはどう分け合えばよいのか。④これらのことを誰が、どのような方法で決めるのか、です。教室の議論は①②をとばし、③と④に集中しました。しかし、④多数決の適用の是非（多数決の限界）と③多数決できめた負担の配分の妥当性（多数決の結果の適否）とは別の問題です。議論は両者を混同しています。

多数決は集団の意思決定の一方式です。決定には集団の全成員が参加するので、多数決の結果は成員を拘束します。しかし、これは集団内のことであって、集団外の者の要求に応じなければならないわけではありません。自由に決めてよろしい。ただ、要求に応じた場合、集団に負担が生じ、その配分の妥当性つまり「公平」の問題が生じます。実例では、多数決できめたパンの提供の割り当てについて、生徒たちが「どこかおかしい」「不公平」と感じたのはこのことです。

これは厄介なことになりました。「公平」「公正」とはなにか。ひいては「正義」とはなにか、については古代ギリシャ以来、山ほどの議論が積み重ねられてきましたが、万人を納得させる定義はありません。かりにあったとしても、そんな抽象原理で雑多な現実問題が解決できるはずがありません。

本章での議論は、もっぱら多数決の適用に限界があるか、ということです。だから、わたしは財や負担の「配分」の問題にいっさい立ち入りませんでした。財・負担の配分の適否は、多数決の「限界」と関係がありません。やはり、設例がちょっとまずかったようです。にもかかわらず、この教育実例を引き合いに出したのは、そこに多数決の限界を考えるヒントがあるからです。

多数決の結果は正しいか

ここで財・負担の配分から離れて、一般的に多数決の結果はつねに「正しい」か、という問題を考えてみましょう。

多数決は人間を数に還元します。多数決とは「人の頭をたたき割る代わりに、頭数をかぞえることだ」といわれます。しかし、「正しさ」は数で測れるものでしょうか。

ルソーは、善を欲する一般意志は「つねに正しい」といいました。だが、それはフィクションです。実際の多数決は、一般意志の表明ではありません。ルソーも、人々が一般意志の認識を誤ることを認めていました。またロックは、多数決が集団の意思決定に必要というだけで、その結果が正しいか否かについては言及していません。

この点に関して、社会学者のエーリッヒ・フロムの見解は明晰《めいせき》です。多数決の結果を「正しい」と考えるのは「虚妄」だと断じて、こう論じます。

> 多数投票という考えじたいが、抽象化と疎外の過程に役立っていることを忘れてはならない。さいしょ、多数支配は、少数支配すなわち王や、封建君主による支配に代わるものだった。だが、多数者が正しいということではない。それは、少数者が意志を多数者におしつけるよりも、多数者が誤る方がいいということであった。しかし、われわれの同調の時代では、民主主義的方法とは、多数者による決定が必然的に正しく道徳的にも少数者の決定よりすぐれており、したがって、多数者の意志を少数者におしつけるのは道徳的な権利だという意味をもつようになった。これは、あきらかに間違っている。じっさい、歴史的にいうと、哲学、宗教あるいは科学におけると同様に、政治におけるすべての「正しい」考えは、さいしょは、少数派の考えだった。もし、数にもとづいて、考えの価値をきめてきたら、われわれはいぜんとして洞窟に住んでいることになったろう。（強調は原文。『正気の社会』一九五五年）

これは逆説でも、皮肉でもありません。否定しがたい歴史的事実です。だとすると、多数の意見は誤りうること、多数決の結果は間違いかもしれないことを認めるほかありません。

そもそも「正しい」とか「間違っている」とかを判定する者は、この世にはいません。中世では神が、近世では絶対君主がその判定者だったのでしょうが、近代の資本主義社会では非人格的な「市場の原理」が神や君主に取って代わりました。いまや、人間は主体性を奪われ、商品化されて、市場原理の操り人形にすぎません。そして、人間の行動は市場原理に順応して、利潤追求に動機づけられるようになりました。しかも、金持ちになることが「出世」「成功」とされ、社会的地位と名声を伴います。カーネギーや松下幸之助、ビル・ゲイツや孫正義といった起業家の大富豪が「偉人」ともてはやされ、「偉人伝」が競って読まれるゆえんです。

多数決は人間を数に抽象化し、人それぞれの具体的な生を捨象します。人を数としてだけみるとき、かけがえのない個々の人間の主体性が奪われ、人間はもっぱら操作の対象として物化されます。これを「疎外」といいます。フロムが「多数投票〔多数決〕という考えじたいが、抽象化と疎外の過程に役立っている」と述べたのは、このことを指しているのです。

昨今は、コロナ感染による死者数が毎日、グラフ付きで報じられます。原爆忌には、被爆者の新柱の数が公表されますが、これも数だけです。そんななかで、いまもわたしに衝撃的な印象を残した新聞記事があります。

敗戦でシベリアに抑留された軍人や民間人は約六〇万人。酷寒と飢え、苛酷な強制労働による死者は約六万人といわれます。辛うじて生き延び帰国した村山常雄さん（故人）は定年後、膨大な資料を手作業で突き合わせ、一一年かけて死亡地や埋葬地まで四万六三〇〇人の名簿をつくりました。そして二〇二〇年八月、追悼のイベントをおこない、四万六三〇〇人の名前を三夜四七時間かけて遺族や市民が交代で読みあげたというのです。名前を呼ぶことで、参加者に物故者の生前の記憶をよみがえらせようとするかのように。一一年間のシベリア抑留から生還した詩人・石原吉郎（故人）は、こう語りました。「死においてただ数であるとき、それは絶望そのものである。人は死において、ひとりひとりその名で呼ばなければならない」（朝日新聞二〇二〇年九月六日、「日曜に想《おも》う」編集委員・福島申二）。

死が人それぞれに固有なのは、その生が人それぞれに固有で、かけがえがないからです。人の生は数で測れるものではなく、したがって多数決が及ぶ問題ではありません。

数で人をコントロールする

もっとわかりやすい例で考えてみましょう。

最近、コロナ禍の緊急事態宣言で外出自粛・在宅勤務が要請され、都市中心部の通行人の増減が連日報じられています。経済活動の回復と感染拡大の防止とのかねあいで、政府や自治体がいつ緊急宣言を解除すべきか悩んでいるのはご承知のところです。

このように政策の立案・実施には、人の動きを数量で把握する必要があります。そのために膨大な個人情報を収集し、これをＡＩ（人工知能）で解析することによって、問題解決の「最適解」を得ることができます。人間を数としてみることは、大勢の人をコントロールする治者（権力）の視点に立つことを意味します。

たとえば、このビッグデータ処理システムは、警察の犯罪取り締まりにすでに利用されています。犯罪多発地域を特定し、犯歴者や非行少年の行動を追跡して、警官の巡回を重点的におこないます。防犯カメラとも連動して、検挙率が向上したと警察は得意顔です。

この個人情報処理システムは、教育や医療にも利用されます。また、遠隔地や非対面の教育・診療を可能にし、利用者に役立つことも確かでしょう。金融取引もこのシステムを使い、政府の行政サービスもこれに頼ろうとしています。菅政権はデジタル庁を設置して、行政手続きの押印廃止やマイナンバーカードのスマホ搭載など、行政のデジタル化を推進する関連法案（六三本）を今国会に提出しました。それどころか、民間でもＡＩとＩＴ技術による都市計画がスタートしました。

「スマートシティ」をご存じでしょうか。これは自動走行や遠隔医療、エネルギーの最適化、キャッシュレスなどの先端技術を駆使して、都市問題の解決を図ろうというものです。政府や自治体、企業がもつ住民の個人情報を収集・解析し、新たな住民サービスを生み出します。たとえば、自動運転の大型電気自動車を必要なとき、必要な場所に配車し、スマホで必要なモノを無人車で宅配し、室内の空調・温度管理や家電製品の自動操作までしてくれます。このほど、トヨタ自動車とＮＴＴは提携して、富士山麓にスマートシティの建設に着手しました。

しかし、スマートシティはスマートなだけではありません。プライバシー権侵害のおそれが伴います。先進のカナダ・トロント市では、街のスマート化に反対する住民運動が起きました。

スマートシティは進化した管理社会の到達点です。管理社会は、抑圧的な社会とは限りません。「快適」な社会でもありうるのです。管理・操作のほんとうの恐ろしさは、それと気づかぬ利便と快適さに潜むことを知らねばなりません。

さて、ここまでは主として議会政治の多数決について論じてきましたが、残されている問題があります。それは人民自身の多数決です。次章で、国民投票をめぐる問題をとりあげましょう。

第5章

人民による多数決——直接民主主義

1　国民投票の結果は民意か

国民投票の三類型

第2章から前章までは、議会制民主主義における多数決についてみてきました。これに対して国民投票（レファレンダム）は、国民自身が政治決定をおこなう直接民主主義の一方式です。この国民の多数決は、議会の多数決とはまた違った問題をはらんでいます。

比較憲法学者のカール・レーヴェンシュタインは、国民投票を①憲法制定・改正機能をもつもの、②立法機能をもつもの、③プレビシット（人民投票）機能をもつもの、と三つの類型に分けています（『現代憲法論』）。

①憲法制定・改正機能をもつ国民投票とは、憲法の制定や改正の手続きとしての国民投票のことです。これは憲法制定権が国民にあるとの考えにもとづきます（民定憲法）。憲法の制定権が国民にある以上、改正についても国民の同意を要するとして、国民投票を義務づけたのです。これは米国、スイス、日本など、かなりの国で採られています。

日本国憲法は憲法改正について、衆参各議院の総議員の三分の二以上の賛成により国会が発議し、国民投票で過半数の賛成により国民の承認を得なければならない、と定めています（九六条一項）。これは硬性憲法（改正しにくい憲法）のなかでも、硬度の高い憲法といえます。

②立法機能をもつ国民投票とは、議会が可決する（した）法律を国民投票に付し、過半数の賛成が得られなければ成立しない（廃止する）というものです。スイスや米国の州に例があります。

日本国憲法は、特別法の制定に住民投票を義務づけています。特別法とは特定の地方自治体のみに適用される法律のことですが、当該自治体の住民投票で過半数の同意を得なければ、国会はこれを制定することができないと定めています（九五条）。

これは地方自治の原理にもとづくものです。広島平和記念都市建設法（一九四九年）などがその例ですが、きわめてまれです。

③プレビシット（人民投票）とは、領土の帰属やクーデタによる権力の正当性を問う場合の国民投票をいいます。ヒトラーのオーストリア併合（一九三八年）、ロシアのウクライナ併合（二〇一四年）などがその例です。

国民投票法の問題点

さて、国民投票といえば、まず憲法改正の国民投票をとりあげねばなりません。憲法改正は安倍・前首相の宿願でした。菅政権も改憲の旗を下ろしていませんし、いまも自民党の方針です。

憲法改正の国民投票法は、すでに制定されました（二〇〇七年）。当時からあれこれと批判の多かった法律ですが、問題点をおさらいしておきましょう。

①改正案の作成

憲法改正を提案するのは国会です。衆参各議院の憲法審査会がそれぞれ原案を作成し、両議院の調整をへて、本会議で可決します。審査会は各党の議席数に応じて組織されるため、おのずから政府・与党が主導権をにぎり、策略をめぐらします。

自民党は、憲法改正の本丸は九条なのに、通りやすい緊急事態規定の新設や憲法改正規定の改正を先行させ、改憲の地ならしを企てました。また、九条改正でも自衛隊の海外での軍事活動の本音をかくし、一項の戦争放棄の規定は残したまま、二項の戦力不保持の規定を改め、自衛隊の明記にとどめるといった術策を弄したりします。さらに、日米軍事同盟の強化をぼかすため、軍の目的を「国際平和・安全への協調」や「公の秩序を維持し、国民の生命・自由を守る活動」に広げようともしています。〝目くらまし戦術〟です。この点、注意を怠ってはなりません。

②報道規制

国民投票法は放送事業者に対し、国民投票に関する報道の「政治的公平」に留意するよう定めています（一〇四条）。放送の政治的公平は放送法にも定められていますが（四条一項一号）、これをめぐって政府・与党はしばしば「偏向報道」を問題にしてきました。その事実に照らしても、報道の自由（憲法二一条）を脅かすことのないよう慎重な運用が必要です。

なお、憲法審査会はテレビCMやインターネットについても、規制を検討しています。

③公務員の中立性

国民投票法は、公務員について地位利用の国民投票運動を禁じ（一〇三条一項）、教職者についても同様です（同条二項）。これは公務員・教職者の政治的中立を維持するためでしょうが、規定のあいまいさゆえに乱用のおそれがあります。憲法制定・改正権は国民にあり、改憲は主権者にとって最大の「政治問題」ですから、勤務時間外の一市民としての活動が不当に抑制されるようなことがあってはなりません。

④過半数の賛成

憲法改正の承認には国民投票で過半数の賛成が必要ですが、「過半数」は何に対する過半数か。有効投票か、投票数か、それとも有権者数か、という問題があります。

憲法の制定・改正権は国民にあるのだから、有権者数と解すべきだとの意見もありうるでしょうが、「国民投票において」と定めている以上、有効投票の過半数という一般原則に従うべきです。

しかし、国民投票の多数決をめぐる問題はこんな法制ではなく、その実態にあります。国民投票が実際に何の目的で、どのように行われるかを個別に見なければ、国民投票の功罪は判断できません。国民投票は直接民主主義で民意の表明だから文句はあるまい、というわけにはいかないのです。

一般に投票行動は、理性的というより情動的です。大衆心理をかき立てる政治問題となればなおさらでしょう。直接民主主義を信奉したルソーも言いました。「人はつねに幸福をのぞむものだが、つねに幸福を見わけることができるわけではない。ときには欺かれることもある」。

2　国民投票の舞台裏

なんでもありの広報戦術

二〇一六年、英国は国民投票でＥＵ離脱を決定しました。その経緯をたどると、いくつもの判断ミスが重なっていたことがわかります。

英国では、かねてポピュリスト政党の英国独立党が反ＥＵ・反移民・反エリートを唱え、ＥＵ離脱を国民投票で問うよう求めていました。キャメロン首相（当時）がこれに応じたのは、国民投票でＥＵ加盟の維持が承認され、低下した政権への求心力を回復できると読んだからです。が、賭けは裏目に出ました。そして、首相は辞任。メイ氏が保守党の党首に選ばれ、首相の座を継ぐ政変になりました。

政権にとって、国民投票の敗北は予想外のことでした。マスコミも、ＥＵ加盟の維持派の勝利を予想していました。離脱に一票を投じた人たちのなかにも「まさか、こんな結果になろうとは」と、ほぞをかむ人も少なくなかったといいます。

離脱をめぐるソフトランディングかハードランディングかの議論が高まるなかで強行離

脱を決意したメイ首相（当時）は、政権基盤を固めてEUとの交渉力を高めるため、総選挙を前倒しして実施しました。ところが、その思惑も外れました。与党圧勝の当初の予想に反して、過半数割れの敗北。辞任をせまる声も出るなかで、地域政党の閣外協力を得て政権は維持したものの、不祥事による閣僚の辞任やEU離脱交渉をめぐる党内対立で政局は不安定でした。

そのメイ首相は二〇一九年一月、EU離脱法案を議会で否決され、辞任しました。あとを襲ったのは、離脱推進の立役者でありながら、党首選に立候補できなかった前・ロンドン市長のボリス・ジョンソンでした。しかし、離脱の条件をめぐるEUとの交渉は難航し、結着したのは同年末のことでした。そして、首相は「我々の法律と運命を取り戻した」と自賛しました。

しかし、英国の経済はコロナ感染症の拡大もあって低迷し、二〇二〇年の国内総生産（GDP）は前年比九・九％減。各国との貿易協定の締結交渉はこれからで、歳入減を補うため法人税引き上げも避けられそうにありません。

EU離脱の国民投票の舞台裏を、首相官邸の広報責任者として見届けたクレイグ・オリヴァーのなまなましい日録ふうの記録があります。『ブレグジット秘録――英国がEU離脱という『悪魔』を解き放つまで』（二〇一六年）がそれです。著者の立場上、党派色は免れませんが、国民投票がはらむさまざまな問題が痛切に語られています。以下は、その最終章からの引用です。

ジョンソンは確かに重要だった。だがいまになって思うのは、離脱派の勝利を決定づけたのはマイケル・ゴーヴ司法相だということである。彼は、才気に毒薬を混ぜたカクテルをこしらえた。

ゴーヴが率いた離脱キャンペーンは、移民の問題を、経済と公共サービスの問題に絡めることに成功した。しかも問題にしたのは、この国に流入する移民の数についてだけではない。ＥＵを離脱すれば、毎週三億五〇〇〇万ポンドの分担金を、国民保障サービスの財源にまわせるという嘘《うそ》までバラまいた。そのすさまじい破壊力を目の当たりにしながら、残留派はその嘘を打ち消す有効な手だてを見出せなかった。結局は「その数字は正確ではないうえに、離脱すれば我が国の経済が縮小するために、その額をそっくりそのまま確保できるどころか、反対に不足が生じる」という、独立系の経済学者の意見を訴えるほかなかった。

そしてそう訴えれば、合理的な世界であれば、それで嘘を駆逐できるはずである。ところが、そうはいかなかった。一〇〇万人のトルコ人が押し寄せてくるという主張についても同じである。専門家がその主張を嘘だと指摘した時点で、他の政治家なら諦めただろう。ところがゴーヴは違った。移民の嘘を並べている時、そわそわと落ち着かないジョンソンのとなりで、ゴーヴ率いる離脱キャンペーンはますますその嘘を強調しだしたのである。

ちなみに、ゴーヴ法相（当時）はその後、ジョンソンを出し抜いて党首選に立候補し、メイに破れました。そんな政治のドタバタ劇の渦中から身を引いたオリヴァーは、こう述懐します。

私たちは、彼ら〔政治に見離された若者たちが国民投票でぶちまけた不満〕を理解する努力を怠った。政治は、彼らを政治に参加させる適切な方法を見つけ出せるだろうか——世界に対する不安や怒りを煽《あお》るという、今回の離脱キャンペーンが取ったシニカルな方法以外に。この問いは、今後も長く、私たちを悩ませつづけるだろう。そして、私たちが知恵を絞るべき問題でもある。

一昨年（二〇一九年）、憲法審査会の議員団は海外視察に出かけましたが、国民投票のリスクを聞かされた一議員は、こうつぶやいたと報じられています。「安倍首相はキャメロン首相みたいになるよ」（朝日新聞二〇一九年一〇月二九日）。

捏造される民意

この内幕本の著者はゴーヴ前法相を悪役に仕立てていますが、ＥＵ離脱キャンペーンを成功させたのは、じつはケンブリッジ・アナリティカ（ＣＡ社）という電子情報処理会社でした。ＣＡ社は、トランプが当選した米大統領選挙にもかかわっています。

同社が開発したのは、大量の電子個人情報を収集・分析して、個々人の氏名・住所・性別・年代はもちろん、行動歴や通信歴から指向・信条、支持政党の有無から関心事まで洗い出し、今後の行動を予測するとともに誘導するシステムです。これによって広告やキャンペーンを個別化し、より有効に、より安価に成功させることができます。

おおかたの予想に反したトランプ当選で名を売ったＣＡ社の幹部は、テレビのインタビューで語っています。「我々は、より多くの人気票を得ようとしたのではない。選挙に勝つための（少人数の）有権者だけに注目して、全力を注いだ」「選挙戦の目標は、迷っている有権者を取り込み、スイング州を共和党に変えて、二七〇人の選挙人を獲得することだけだった」と。そのためには、対立候補ヒラリー・クリントンのネガティブ・キャンペーンやフェイクニュースも平気で流したというわけです（福田直子『デジタル・ポピュリズム――操作される世論と民主主義』）。

こうしたキャンペーンの個別化は、不特定多数にまき散らす新聞やテレビのCMよりずっと効果的で、安上がりです。日本でも、すでに電子通信のCMの売上高が新聞・テレビのそれを上回っています。しかも、個人データが大量になればなるほど分析は精度を増し、キャンペーン効果は高まってIT企業は儲《もう》かります。CA社は、フェイスブック（FB）からビッグデータを不正に購入していました。このようにビッグデータが本人の知らぬまに商業的・政治的に利用され、個人の行動を効果的に誘導するところに問題があります。

たとえば、SNSの「いいね！」ボタンを押しただけでも、それが蓄積・分析されて個人の特性を裸にします。恐ろしいのは、プライバシーの侵害だけではありません。ネット上には注目をひく過激な発言やフェイクニュースが氾濫し、ネット仲間で信じられるようになります。しかも、ネット通信は人手を介さず、機械的に拡散することも容易です。

これでは、反対意見との熟議など成り立ちようがありません。いまや、個人の自由な意思決定は侵され、民主主義が根底から脅かされています。デジタル・デモクラシーは、民意を〝捏造《ねつぞう》〟することもできるのです。

もうひとつ、ごく最近の国民投票の実例をとりあげましょう。それは、二〇二〇年六月二五日〜七月一日にロシアでおこなわれた憲法改正の国民投票です。結果は賛成七八％、反対二一％（投票率六八％）で、憲法改正が成立しました。

しかし、そのねらいがプーチン政権の永続にあったことは明らかです。ロシア憲法では大統領の任期は二期までと定められているため、プーチン氏は次期大統領選挙に出馬できないはずでした。そこで、プーチン独裁を持続するため、さらに連続二期一二年間（二〇三六年まで）大統領を務められるよう憲法改正をおこなったのです。しかも、改憲は議会の承認で成立するにもかかわらず、あえて国民投票にかけたのは支持率の低下に悩むプーチンの起死回生策でした。

だから改憲のホンネを隠し、最低賃金の保障や動物愛護など支持されやすい二〇〇の改憲項目を一括して、賛否を問うたのです。国営テレビは、著名人らが改憲後の明るい未来を語るCMを流すだけで、プーチン政権の延命にはいっさい触れなかったと報じられています。

独裁は裸の権力統治とは限りません。みずからでっちあげた「民意」によって「下から」支えられて持続します。こうして被抑圧者が抑圧者を支持するパラドックス（逆説）が成立するのです。

話を具体例から一般論にもどしましょう。どのような理屈をつけようと、どんな手続きを踏もうと、国民投票の結果はその時点での有効投票の過半数の意見にすぎません。しかも、その「多数意見」は一方的な宣伝や情報操作によって捏造されたものかもしれません。なぜ、これが「国民の同意」とみなされるのでしょうか。

英国の社会学者、L・T・ホブハウスはいいます。

民主政治に固有の困難は、直接民主制であるにせよ代表民主制であるにせよ、それが多数による政治であって、全体の同意による政治ではないということである。その決定は、人民の大部分によるものであって、全体による決定ではない。この欠陥は、決定をくだす必要性があること、だが同時に、全体の同意を確保することが不可能であることとの、避けられない結果である。（『自由主義――福祉国家への思想的転換』一九一六年）

公法学者のA・V・ダイシーもいち早く、こう述べていました。

多数者の意思を全国民の意思だと考えるのは便利である――おそらくは必要である。しかしどれほど便利であり、また必要であろうとも、この同一視が一つの政治的擬制であることは明瞭である。（『法律と世論』一九〇五年）

たしかに、多数の意思と全体の意思の同一視は「擬制」です。これは民主主義に不可避の「欠陥」です。が、だからとて、この擬制や欠陥を一足跳びに解決する方法はありません。どれほどしんどくても、手間暇かけて、民主主義が進化するよう努力するしかありません。手っ取り早く、この民主主義の矛盾を跳び越えようとすると、民主主義とは正反対のとんでもない道に迷い込んでしまいます。その道案内をしたのは、ドイツの法哲学者・

憲法学者、カール・シュミット（一八八八～一九八五年）です。

3　シュミットの議会主義批判

議会は単なる門構え

シュミットは代議制民主主義に失望して、直接民主主義をめざします。

今日人びとの運命がかけられているような政治上および経済上の重大な諸決定は、もはや（もし、かつてはそうであったとしても）、公開の言論と反対言論における意見の均衡の帰結ではないし、議会の討論の結論でもない。……現状において委員会、それもいよいよ小規模の委員会に仕事が移り、結局はそもそも議会の本会議、したがって議会の公開性がその目的から遠ざかって、必然的に単なる門構えにすぎぬものとならざるをえない。……諸政党あるいは政党連合のより少人数の、また最小の委員会が、閉じられた扉のうしろで決定を下すのであり、大資本の利益コンツェルンの代表者たちが最も少人数の委員会でとりきめることが、数百万人の日々の生活と運命にとって、おそらく前述の政治的諸決定よりも重要なのである。……議会の活動の事実上の実態において公開性と討論が空虚で実質のない形式になってしまったとき、それまで〔一九世紀に〕発展してきた制度としての議会もまた、その〔従来の〕精神史的な基盤と意味とを失ったのである。（『現代議会主義の精神史的状況』一九二三年）

人民が代表されるということはありえない。人民は、純粋民主政においては、現存する・現実に集合した人民として、可能な最高度の同一性をもって存在する。ギリシャの民主政では市場における人民集会として、またローマの広場の男子の集会または軍隊として、スイスの州会として。……現実に集った人民がはじめて人民であり、現実に集った人民のみが、特別にこの人民の活動に属することをなしうる。すなわち、喝采する、つまり、単純な叫びによって自己の同意または拒絶を表現し、万歳とか、くたばれとか叫び、ひとりの指導者またはある提案に歓呼し、国王やその他の誰かの万歳を唱え、または、沈黙や不満の声によって喝采を拒絶することができる。……例えば街頭のデモでも、公けの祝祭でも、劇場内でも、競技場やスタディアムでも、この喝采する人民は現存し、少なくとも潜在的には、ひとつの政治的存在である。（強

調は原文。『憲法理論』一九二八年）

そしてかれは、指導者による独裁を民主主義の発展だと強弁します。

ボルシェヴィズムとファシズムは、あらゆる独裁と同じく、なるほど反自由主義的ではあるが、必ずしも反民主主義的ではない。……国民は公的領域でのみ存在する。一億人の私人の一致した意見は、国民意思でもなければ公開の意見〔公論〕でもない。国民意思は、歓呼、喝采によって、自明の反論しがたい存在によって、ここ半世紀のあいだあれほど綿密な入念さをもってつくりあげられてきたところの統計的装置によってと同じく、また、それよりいっそう民主主義的に、表明されうるのである。……技術的な意味においてだけではなく、本質的な意味においても直接的な民主主義を前にしては、自由主義の思考過程から生まれた議会は、人為的な機構にみえるのであり、それに対し、独裁やカエサル主義の方法は、国民の喝采によって担われうるだけではなく、民主主義的な実質と力の直接的な表現でもありうるのである。

独裁は、……民主主義への対立物なのではなくて、本質的に、権力分立の廃棄、すなわち憲法の廃棄、すなわち立法権と執行権の分離の廃棄なのである。(『現代議会主義の精神史的状況』)

喝采する人民

シュミットによれば、人民は集会で公的存在として姿をあらわします。そして、その喝采やブーイングが人民の意志の表明なのです。これが欺瞞《ぎまん》的な代議制民主主義を廃し、直接民主主義にいたる唯一の道だといいます。しかし、このような群集に「人民」を見、その歓呼や怒号に「民意」を聞くのは、シュミットの哲学的幻想でしょう。

やがて、シュミットはナチ党に入党し、ナチズムの理論的指導者になります。ヒトラーこそルソーの一般意志、つまり民意の体現者なのです。ハイル・ヒトラー!

そして戦後、シュミットは戦争犯罪の容疑で逮捕。起訴は免れましたが、ナチ協力のかどで学界から追放されました。シュミットは、自分が掘った民主主義の落とし穴に、自分ではまったのです。

ファシズム研究で知られる政治学者・山口定教授は、ファシズムをこう定式化しています。

一般に自由主義的民主主義体制の場合には、権力の正統性原理は、結局は、「個人の自由」もしくは「権利」の保障ということに帰着するであろう。そして、そのことを保障するために「三権分立」体制や「法の支配」があり、権力は、この点の保障そのものには手をつけられないし、むしろこれを守ることを少なくとも建前としては堅持しなければならないであろう。それに対してファシズムの場合には、正統性原理の核心におかれるのは、もはや「個人」ではなくて、「民族」であった。広い意味での「民族共同体」の「防衛」もしくは「発展」に奉仕するというのが、権力の自己正当化の核心的な論理であった。(『ファシズム』)

それにつけても、いまの日本にファシズムへの兆しはないのか。議会や司法は果たしてその歯止めたりうるのか——気がかりなところです。

身をもってファシズムを体験したイタリアの作家、ウンベルト・エーコ(二〇一七年死去)は、ファシズムとポピュリズムのつながりについて、つぎのように述べています。

原ファシズムは「質的ポピュリズム」に根ざしたものです。民主主義の社会では、市民は個人の権利を享受しますが、市民全体としては、〈多数意見に従うという〉量的観点からのみ政治的決着能力をもっています。原ファシズムにとって、個人は個人として権利をもちません。量として認識される「民衆」こそが、結束した集合体として「共通の意志」をあらわすのです。人間存在をどのように量としてとらえたところで、それが共通意志をもつことなどありえませんから、指導者はかれらの通訳をよそおうだけです。委託権を失った市民は行動に出ることもなく、〈全体をあらわす一部〉として駆り出され、民衆の役割を演じるだけです。こうして民衆は演劇的機能にすぎないものとなるわけです。（『永遠のファシズム』）

ここで「共通意志」と呼ばれているのは、ルソーのいう一般意志のことです。第1章で述べた、ルソーの一般意志、特殊意志、全体意志の区別を思い出していただきたい。エーコは、一般意志を多数の特殊意志の偽装にすぎないといいます。

エーコの指摘は鋭く、的確です。個々人が権利をもつ市民は、政治指導者に動員されて民衆の役割を演じさせられます。そしてエーコは、ファシズムの本質は議会主義の否定にあるとつづけます。

いまでは質的民衆主義の格好の例を、わざわざヴェネツィア広場やニュルンベルク競技場にもとめる必要はありません。わたしたちの未来には、〈テレビやインターネットによる質的民衆主義〉への道が開けているのですから。選ばれた市民集団の感情的反応が「民衆の声」として表明され受け入れられるという事態が起こりうるのです。質的民衆主義を理由に、原ファシズムは〈「腐りきった」議会政治に反旗をひるがえすにちがいありません〉。……議会がもはや「民衆の声」を代弁していないことを理由に、政治家がその合法性に疑問を投げかけるときは、かならずそこに原ファシズムのにおいがするものです。（前掲書）

昨今、ポピュリズムは世界を覆っています。日本もその例に漏れません。これをファシズムとはいえないものの、ファシズムに転化する可能性は十分にあります。

市民参加と国民動員

昨今、コロナ禍による営業自粛要請に応じて、「自警団」や「見回り隊」が自然発生しました。これは一見、市民相互の自主規制のようですが、どこか違います。違和感があります。それはお上の権威を後ろ盾に、営業中の店を脅したり、警察に通報するなど、自身が小さな権力者として弱者をいじめているからです。

このいじめの構造は、米国における移民排斥の動きにも見られます。もとは移民でも成功者のなかには、新たな移民を嫌う人がいます。公民権を得て定住し定職をもつ移民は、不法移民を排斥します。不法移民のなかでも、職を得てそれなりに生活する者は、職もなく犯罪に走るスラム地区の移民を憎悪します。こうして、強者から弱者へ、さらなる弱者へと差別・排除の連鎖ができあがります。これは、ファシズムの心理的土壌です。

ファシズムは、上からの強権だけでは生じません。下から支えられて、はじめて成功します。ヒトラーのナチズムもそうでした。日本のファシズムも、重臣政治を排し天皇親政を掲げる大政翼賛会として推進されました。しかし、それは〝国民動員〟にすぎず、自律的市民の政治参加ではありませんでした。人民の意志は、権力によってかすめ取られたのです。

ファシズムは、クーデタで権力を奪取するとは限りません。ヒトラーは合法的に首相となり、その後、全権委任法を制定して憲法の効力を停止させました。そして形だけの選挙と国民投票をくり返し、総統として掌握した独裁権力の正統化をはかりました。こうして国民投票は民意の表明ではなく、ヒトラー政権の信任投票と化しました。国民投票は一般に直接民主主義の手法とされていますが、その使い方によっては独裁政権に正統性を付与する〝信任投票〟に堕しかねません。国民投票は、そうしたリスクを伴うものなのです。

第6章

市民立法——政治参加の回路

1　イニシアティヴの実践

住民不在の地方議会

前章で述べたレファレンダム（国民投票）のほかに、これも直接民主主義の一方式とされるものに、イニシアティヴ（国民提案・住民提案）があります。

イニシアティヴとは、一般市民が国や地方自治体に立法を要求することをいいます。しかし、これはほとんど法制化されていません。間接民主主義（代議制民主主義）が原則で、立法権は議会に属するからです。

もちろん、だれでも国や自治体に法律・条例の制定を陳情・請願することはできます。しかし請願法は、請願をしたために請願者を差別してはならないと定めるだけです（六条）。

イニシアティヴが例外的に法制化されているのは、地方自治体の住民直接請求だけです。これは有権者住民の五〇分の一以上の連署で条例の改廃を要求すると、首長は意見を付して議会に付議し、議会はこれを検討しなければならないという制度です（地方自治法一二条、七四条）。しかしこれとても、条例をつくるか否か、どのような条例をつくるかは議会の裁量に委ねられています。

つまり、イニシアティヴは市民が議会に立法を促すにとどまり、市民が立法権に参与するわけではありません。レファレンダムは市民が憲法や法律の改廃権限をもちますが、イニシアティヴにはそのような決定権は市民にありません。ただ、然《しか》るべき立法を議会にお願いするだけです。この点が、レファレンダムとイニシアティヴとの決定的な違いです。

ところで近年、市民運動がイニシアティヴを活用するようになりました。とくに注目されるのは、住民投票条例の直接請求です。たとえば、産廃処置場の建設や沖縄米軍基地の移設をめぐって、反対派はその是非を住民に問う住民投票条例の制定を直接請求します。しかし、議会は条例を制定せず、制定しても形だけのザル法という例がほとんどです。

茨城県では先日、原発の再稼働の是非を問う住民投票条例の直接請求がありました。ことの発端は、東日本大震災で被災した東海村の原発を再稼働するため、日本原電が二〇二〇年四月、原子力規制委員会に使用前検査の申請をしたことでした。ところが再稼働に際しては、東海村と周辺五市および県の同意が必要との協定が原電と結ばれていたため、再稼働に反対する住民は、県に対し住民投票条例の直接請求をしたのです。署名は法定必要数の一・八倍に達しました。

それでも、同県知事は、「議会の判断を慎重に見守りたい」といい、県議会は「住民投票は感情的になりやすい」「民意は議会で汲みとった」として消極的でした（朝日新聞二〇二〇年六月一日、三日）。案の定、県議会は与党（自公など）五三人が反対、賛成わずか五人で、条例制定は否決されました（同年六月三〇日）。

これは茨城県議会にかぎりません。原発再稼働の是非を問う住民投票条例は、これまで四都県で住民直接請求の動きがあったものの、いずれも保守系会派の反対で議会が否決しています。

住民投票の結果に法的拘束力はありません。ただ、自治体の施策に対する賛否の意見表明の機会を住民に与えるだけです（投票率が五〇％未満なら、投票結果を公表しない例も多い）。それでも、地方議会の反発がこれほど根強いのはなぜでしょうか。

原発再稼働の是非はおれたちが判断する、という自負もあるでしょう。が、どうもそれだけとは思えません。「住民の意向は議員が代表している。おれたちをないがしろにして、住民投票など余計なお世話だ」といった心情さえうかがえます。これは住民自治、直接民主主義としての住民投票への不信と嫌悪というほかありません。

住民投票条例の制定は、はからずも「住民の代表機関」としての地方議会の試金石となりました。地方分権・住民自治の本気度が試されています。その意味で、イニシアティヴは住民による議会改革、議員の意識改革といえるでしょう。

お仕着せの議会改革

二〇〇〇年以来、地方分権の推進で地方議会の権限が拡大強化されたため、総務省は「地方議会改革」の音頭をとってきました。が、笛吹けども汝ら踊らず。地方議会の改革はいっこうに捗《はかど》りません。改革の方針を定める議会基本条例ひとつとってみても、改革は生ぬるく、市民に開かれた議会には程遠いものです。

それもそのはず、「議会改革」はお仕着せで、改革の必要を感じていない議会も少なくありません。わたしは某市から議会改革の議員研修を頼まれたことがありますが、相談にきた議長が「先生、議会改革って何をすればいいんでしょうか」と真顔で尋ねたのには唖《あ》然《ぜん》としました。「自分たちで考えろ」と言いたいのを我慢して、話をしに行きましたが……。

わたしはいま、福岡市の議会基本条例の市民立法運動にとりくんでいます。市民団体が議会に請願すると、一議員はこう言い放ちました。「議会のことはおれたちが決める。市民が口を出すことじゃない。議員になってから言え」。

しかし、議会はわたしたち市民の代表機関です。わたしたちは議会の審議や運営について知る権利があり、議員には説明責任があります。議会には議事運営の自律権があるとはいえ、市民の知る権利を奪うことはできません。右の一言は、市民に選ばれた代表者としての責務をわきまえぬ独善的な議員が、いまだにいることの証左です。

だから、立法を議会任せにはできません。立法をおねだりしても無駄です。市民が必要な条例を議会に制定させるほかありません。真の意味での市民立法運動が必要なゆえんです。イニシアティヴは、こうした市民立法運動によって実効性をもちうるのです。

議会には三つの役割があります。代表機能と立法機能と行政監視機能です。三権分立の原理からすれば、議会はもともと立法権をもつ立法機関です。ところが実際には、議会（議員）は、立法能力をいちじるしく欠き、小さな地方議会では皆無も同然です。その証拠に、執行部提案の立法が九割を超え、議員立法はきわめてまれです。

地方分権で地方議会の権限が強化されたにもかかわらず、議会は立法機関としての役割をほとんど果たしていません。議会事務局の多くは議事日程の調整に終始し、立法調査や法案作成の態勢が整っていません。そのため、まれな議員立法でさえ、法案の作成を執行部（法制課。小さな自治体にはない）に頼っているのが実情です。

これでは、議会が「立法機関」というのはタテマエにすぎず、執行部提案の追認機関になってしまいます。たとえ議会基本条例で議会事務局の整備・強化を定めてみても、議員に自主立法の意欲がなければ、議会の立法能力はいささかも向上しません。公聴会や参考人の意見聴取は聞きおくだけでよく、昨今はやりのパブリックコメントも議会審議には反映されず、〝ガス抜き〟に利用されるだけです。

となると、議会に立法機関の役割を果たさせるためには、市民立法運動で市民案を議会に突きつけ、議会案をつくらせて、両法案の優劣を公開の場で議論するほかありません。その意味で、市民立法運動は、議員の立法能力を育てるための運動ともいえるでしょう。

市民立法運動は、アマルティア・センのいう「立法の道」の実践です。市民の倫理的要求が社会の承認を得て「倫理的権利」となり、それが議会の多数決によって「法的権利」として制度化されます。つまり、もとは社会の少数派が、いかにして議会の多数派の支持を得て、市民に必要な条例をつくらせるか、が市民立法運動の課題なのです。端的にいえば、市民立法運動とは、市民による議会の〝多数派工作〟にほかなりません。

2　議会改革としての市民立法

直接請求ではなく市民立法運動を

じつは、わたしは三〇余年前から政治倫理条例の立法運動に携わってきました。いまも「政治倫理・九州ネットワーク」の代表として、全国各地の条例づくりのお手伝いをしています。制定後も、あちこちで政治倫理審査会の会長を務めてきました。政治倫理条例にかかる訴訟では、意見書を裁判所に提出するなど、条例の適正な運用に尽力しています。おかげで、地方政治の実態をいやというほど見せつけられたのも事実です。その一端をリポートするとともに、わたしの経験から得た市民立法運動の教訓と課題を以下に記しておきたいと思います。

政治倫理条例とは、地方政治から不正・腐敗をなくそうという条例です。そのため、①首長等・議員の守るべき政治倫理規準を定め、②違反の疑いがあれば、市民はだれでも調査を請求でき、③公正な第三者機関の政治倫理審査会が条例違反の有無を判定し、違反者には処分を勧告します。あわせて、④資産公開を定め、⑤刑事事件で逮捕・起訴されたときは、公開の市民集会で釈明を義務づけています（詳しくは拙著『政治倫理条例のすべて――クリーンな地方政治のために』を参照）。

ちなみに、国には政治倫理法といった法律はありません。ロッキード疑惑で田中角栄首相が逮捕・起訴された事件（一九七六年）をきっかけに、自社さ（自民党・社会党・新党さきがけ）連立政権の時代に、社会党が「政治腐敗防止法」の制定を試みましたが、「腐敗は他人《ひと》聞きが悪い」と自民党が反対し、潰《つぶ》してしまいました。だから、政治倫理条例はいまも地方自治体の自主立法です。

米国には、早くから政府倫理法（一九七八年）があります。これは、正副大統領はもちろん、その立候補者、上院・下院議員、連邦裁判官、行政幹部（課長級以上）、に対し一〇〇〇ドル（約一〇万円）以上の不動産や株式所有から一〇〇ドル（約一万円）以上の贈り物にいたるまで公開させ、違反には五〇〇〇ドル（約五〇万円）以下の罰金を科する厳しいものです。そしてその運用は、政治から独立した政府倫理局がおこないます。実際、同法違反の罪に問われ、辞職した有力議員もいます。そんなこともあってか、トランプ前大統領は在任中、資産報告（納税報告）を拒否しつづけました。

政治倫理条例は一九八三年に大阪府堺市が初めて制定しましたが、これは米国の政府倫理法を参考にしています。きっかけは、汚職事件で有罪の確定した議員が居座ったことでした。怒った市民は、直接請求で市に条例を制定させたのでした。

政治倫理条例が制定されるパターンは、およそ三つあります。①首長主導型、②議員主導型、③住民主導型です。それぞれの特徴と問題点をみておきます。

①首長主導型の条例制定

これは、首長が汚職事件で辞職し、出直し選挙で政治倫理条例の制定を公約した候補が当選、新首長に就いた場合に多いパターンです。また、開明的な首長が固い決意と強いリーダーシップをもつとき、このパターンがまれに見られます。

これらの場合、首長のもとに有識者の条例検討審議会を設け、その答申を得て、執行部が議会に提案するのが通例です。しかし、首長が独走すると、議会が反発して条例案が否決されるおそれがあるので、執行部はあらかじめ議会の意向を汲み、妥協せざるをえない面もあります。それをできるだけ有利に運ぶため、あえて条例検討審議会に有力議員を入れ、議会説得のパイプ役にする手もあります。

しかし、これは「上からの改革」によるお仕着せの条例なので、市民の関心は低く、条例は空文化しがちです。条例制定を主導した首長自身が違反第一号になった例さえあります。

②議員主導型の条例制定

議員主導型は、たいてい議員の不祥事がきっかけですが、条例制定にいたるかどうかは、良識派の議員がどれだけいるかにかかっています。しかも、いきさつから議員提案となるため、条例制定が議会内の政争の具となる例も少なくありません。

また、たとえ制定されても議員立法ですから、首長を条例の適用対象にできず、議員だけの政治倫理条例になります。これは不合理です。首長は議員よりはるかに強大な権限と裁量権をもち、それだけに汚職・不正のリスクも高く、重い倫理責任を負うにもかかわらず、首長に適用のない政治倫理条例では制定の意義が半減します。

それに議員条例の場合、議員だけで条例はどうにでもなるという思い込みがあるためでしょうか。「条例が厳しすぎる」「みながまじめに守っていない」などとして、安易に規制緩和の改正をしたり、条例を廃止した例さえあります。

③住民主導型の条例制定

実効性のある条例をつくり守らせるには、やはり住民主導によるほかありません。市民立法運動を起こすことです。

けれども、立法権は議会にあり、住民にはなんの権限もありません。素手です。議会は、つくりたくない条例はつくりません。そんな条例を議会に制定させようというのですから、住民の側にもそれなりの戦略・戦術が要ります。

その要点を箇条書きすると、以下のとおりです。(イ)住民が条例案を作成すること、(ロ)世論を喚起すること、(ハ)議員への多様な働きかけをすること、(ニ)勝負のタイミングを逸しないこと、(ホ)運動は党派的であってはならないことです。順次、実例を交えて説明しましょう。

条例案は市民がつくる

(イ)条例をつくってほしいと請願・陳情するだけでは駄目です。「ハイ、それまでよ」と不採択になるか、たとえ採択されて条例ができても、いい加減なザル法でお茶を濁されるのが落ちです。かならず条例案を添えて請願する必要があります。

それには条例をよく理解し、立法技術をもつ専門家の協力を得て、住民自身が学習し、条例の市民案をつくらねばなりません。これは、いわば〝砲弾〟です。弾《たま》なしで戦争はできません。

福岡県飯塚《いいづか》市では、商店主や行政OBらの市民グループが、本邦初の政治倫理条例の生みの親である長谷川俊英・堺市議やわたしを呼んで、毎週のように勉強会を開きました。高校移転の跡地にスーパーの建設計画が持ちあがり、議員がカネをもらったとのうわさが広がったからです。市民グループは条例の市民案を添えて請願。ねばり強い運動のすえ、県内初の条例を制定させました（一九八六年）。
（ロ）住民主導の条例制定にとって最大の味方は、世論です。世論で議会を包囲するしかありません。〝城攻め〟の要領です。
とはいえ、条例など小難しく、暮らしの利害に直結しない問題では住民運動は広がりにくいものです。運動を介して世論づくりをする必要があります。

そのためには、住民集会や署名活動、ビラ配りなどのアクションを起こし、マスメディアに報じてもらわねばなりません。SNS利用のパーソナル・コミュニケーションも大切でしょう。非力な住民運動にとって、メディアが果たす役割は甚大です。

福岡県芦屋町（人口一・七万、議員定数一六）で政治倫理条例の住民運動が起きたとき、新聞社が主催して議員・住民・有識者の公開シンポジウムを開き、これを見開き二面にわたって特集しました。これは大きな反響を呼びました。また、別の新聞は独自取材で、全議員の賛否とその理由をアンケートし、これを一覧表にして議会採決の直前に報道しました。むろん、わたしたちは議員の表決の〝票読み〟をします。三人の反対ないし棄権が出る予想でしたが、この報道が効いたのか、反対派は〝転向〟し、市民案に沿った条例は全会一致で可決・成立しました（一九九三年）。

しかし、どこでも、こううまくいくわけではありません。概していえば、住民の生活に直接かかわりのないこの種の市民立法は、自治体の規模が大きくなればなるほど成功しにくいものです。小さな自治体なら不祥事でも起きれば、それなりに住民の関心が高まります。良識派の有力議員がいて、マスコミが大きく報じれば、意外に成功する例もけっこうあります。しかし、大規模の都市部での市民立法運動の成功率は決して高くはありません。よほどのことがないかぎり、仕事と私事に忙しく、政治的無関心層が圧倒的に多いからです。

（ハ）請願のしっ放しではなく、議員へのさまざまな働きかけが必要なことはいうまでもありません。個別の議員の説得、議員との懇談会、全議員への公開アンケート、各会派への申し入れなど、打つ手はいろいろあります。そして、議会の合意を取りつけ、条例制定のための特別委員会を設置させねばなりません。そのうえで条例案がまとまれば、議員を招いて公開討論会を開き、議会案と市民案の優劣を検討し、マスコミに報じてもらいます。

要は、条例審議を議会内の駆け引きに終わらせず、市民の前にひき出すことです。

3　市民立法運動の経験から

柿のたねがムカデになった！

福岡市は一九九八年、政治倫理条例を制定しました。人口一三五万、議員定数六三（いずれも当時）。政令市初のまともな条例です。

ことの発端は、自民党市議団の政治資金集めのパーティーでした。当時、市営地下鉄の工事が進められていましたが、長老の自民党議員は、パーティー券（一枚二万円、総額四四四〇万円）の配布を交通局長に依頼しました。局長は、区間ごとに工事を請け負った企業に対し、請負金額にぴたりと比例してパーティー券を買わせたのです。これが発覚して、局長は連日取り調べをうけ、議員への義理立てから自白もできず、進退極まって首つり自殺をしました。

驚きと怒りで、世論は沸騰しました。政治倫理・九州ネットワークなど七つの市民グループは糾合して、政治倫理条例の制定を市民案付きで陳情しました。対応を迫られた市議会は特別委員会を設置し、七会派ごとに条例案を検討し、これを調整して三案に絞りこみました。が、保守系最大会派の案は、箸にも棒にもかからぬしろものでした。

市民グループは議会の三案を採点し、マスコミに公表するとともに、会派への修正の申し入れ、議員と市民との公開討論集会の開催要請、街頭アンケート、市役所前のビラ配り、近まる市長選の候補者への公開アンケートなどの活動をくり広げました。

一方、議会は広報・公聴活動に乗り出しました。無料配布の条例案を区役所に置き、二日間にわたって公聴会を開き、参考人の意見聴取をおこないました。当日は、抽選で参加者の発言を認める異例の措置もとりました。

ここで、ちょっとした〝幕間狂言《まくあい》〟が会場の失笑を買いました。保守系会派の推薦で参考人に立った某九大名誉教授が、堂々と陳述したのです。「だれも都市高速を制限速度で走っていない。倫理で政治を縛ると、政治の活力が失われる」――。翌日の新聞は大見出しで報じ、推薦会派は記録の削除を求めました。

この間《かん》に、議会は難航のすえ議会案を一本化するとともに、市長も条例の対象となる合意を取り付けました。年内に市長選、翌年に議員選を控え、条例の制定が急がれたからです。こうして陳情からほぼ一年、政治倫理条例の制定に漕《こ》ぎつけました。

「はじめは柿のたねでいい。枝葉はあとから生えてくる」と言っていた一議員がつぶやきました。「柿のたねがムカデになった！」。そして三カ月後、市長選で前職は落選。配券を依頼した議員は政治資金規正法違反で起訴（有罪）、辞職しました。

（二）勝負にはタイミングがあります。外堀を埋め、内堀を埋め立てて、いざ本丸に攻め込むには機を見ることが肝心です。

実際、条例の多くは選挙の前に制定されています。そうしたタイミングを見計らって、公開アンケートや署名活動をするのも効果的です（ただし、選挙の告示後は公選法違反のおそれがあるので要注意）。

議員が怖いのは選挙です。「猿は木から落ちても猿だが、議員は選挙で落ちたらただの人」。だから選挙の前に、条例制定の〝踏み絵〟を踏ませるのです。もっとも、小さい自治体では地縁・血縁の票を固めるだけで当選可能ですから、こちら側にも苦しい面はあります。やはり、住民の意識を高めることが基本です。

（ホ）条例制定運動は、党派的に見られることがあってはなりません。政治倫理の確立は、党派や保革、イデオロギーにかかわらないからです。これは地方政治家の適格性の問題です。政治倫理条例は政治家の〝品質保証〟のＪＩＳマークのようなもので、議員らがこれをほしがらないのは不思議です。

ともあれ、市民運動は党派抗争の局外に立ち、自立的市民としての筋を通さねばなりません。さもないと、特定政党の別働隊とみられ、市民の信頼と支持を失ってしまいます。

厳正な条例運用のために

以上は、市民立法運動についての話です。しかし市民運動は、条例ができたら終わるものではありません。市民の監視によって、きちんと条例を守らせる必要があります。

そのため政治倫理条例は、条例違反の疑いに対し市民に調査請求権を保障するとともに、違反の有無を審判する政治倫理審査会を設置しています。審査会は市民と有識者で組織され、準司法機能をもつ第三者機関です。

重ねて強調しておきますが、地方政治の不正・腐敗をなくすには、住民の倫理的要求を法的権利として制度化する必要があります。市民の調査請求権と市民参加の審査会は、そのための民衆統制《ポピュラー・コントロール》の仕組みです。この二つが機能しなければ、政治倫理条例はお飾りの死文と化します。

政治倫理審査会の重要さを示す例をひとつあげておきます。

それは佐賀県唐津市で起きた事件です。二〇一六年、市長が違法な政治献金をうけたとして、住民から調査請求が出ました。条例は、市長等・議員が後援団体をふくめ「政治的又は道義的批判を受けるおそれのある寄附等を受けないものとする」と定めています。唐津市長は、後援会からの寄附を自己資金と虚偽の資産報告をし、自分が支部長を務める自民党支部から迂回献金を受けていました。

審査会が市長に説明を求めたところ、市長は警察の捜査と議会で答弁済みを理由に出席を拒否しました。が、世論の批判を浴び、しぶしぶ審査会に出席はしたものの、議会での否認答弁をくり返すだけでした。

しかし審査会は、虚偽の資産報告（のち訂正）を違法とするとともに、迂回献金についても政治倫理条例違反と断じました（政治資金規正法の公権解釈では適法）。その結果、市長は次期市長選に不出馬を余儀なくされました（刑事事件としては不起訴）。これは、審査会が立派にその役割を果たした一例です。

ただし、審査会は、住民の調査請求を待って開かれ、自発的に疑惑を調査することはできません。それをやると、審査会が政争に巻き込まれるからです。審査会がこのように受け身である以上、政治倫理条例を守らせるのは、結局は住民自身なのです。

政治倫理条例をめぐる訴訟も数件あります。初の訴訟は一九九七年、熊本県南関《なんかん》町で起きました。議員の二親等以内の親族会社の請負を禁じた政治倫理条例が制定されたため、指名競争から外された町議二人の親族会社が、同町条例は営業の自由の侵害だとして違憲訴訟を起こしました。

しかも、あきれたことには、原告の一社は数年にわたる町との請負額を示し、得べかりし利益の喪失として計二六五〇万円の損害賠償を町に請求したのです。これは請負が〝既得権〟化し、町・業者・議員の癒着ぶりをみずから立証するようなものです。

それで思い出しましたが、こんなこともありました。福岡県内の某町で、政治倫理条例の議員研修をしたときのこと。会場を退出しようとしたわたしに、一議員が罵声《ばせい》を浴びせました。「きさん、他人の茶碗《ちゃわん》をはたき落とす気か！」。閉山後の旧産炭地では町の公共工事が唯一の〝地場産業〟で、請負は土建議員の死活問題だったのです。じつは、南関町も旧産炭地でした。

熊本地裁玉名支部は、議員が親族会社への請負をしつこく迫った事実を認定し、町が同社を入札から外したことは地方自治法九二条の二の規定（議員が役員をする会社との請負契約の禁止。違反は議員失職）の趣旨に反せず、適法との判決を下しました（熊本地裁玉名支部一九九八年二月一七日判決）。

最高裁の倫理条例合憲判決

二つ目の訴訟は、二〇〇八年に広島県府中市で起きた事件です。これも請負の二親等規制を定めた条例違反の疑いで政治倫理審査会への出席を求められた一市議がこれを拒否したうえ、請負規制は議員活動（表現の自由）を不当に制限するとの理由で、違憲訴訟を起こしました。しかも、なんとしたことか、政治倫理審査会長の議員と、審査会設置の動議を出した議員を名指しで、名誉毀損の損害賠償計五五〇万円を請求したのです（同町条例は議員のみが対象で、審査会も議員で組織）。

一審・広島地裁は原告敗訴の合憲判決（二〇一〇年一一月九日判決）。二審・広島高裁で逆転の違憲判決（二〇一一年一〇月二八日判決）。上告審の最高裁は、議会の公正な運営のために議員の親族会社の請負を規制することは適法であり、正当な議員活動を制限するものではないとして、高裁判決を破棄・差戻しました（最高裁第二小法廷二〇一四年一一月一二日判決）。

なお、この間《かん》に同市議は辞職。市長選に立候補して、落選しました。

これらの例に見られるように、地方政治の実態は利権がらみの〝仁義なき戦い〟です。公正たるべき政治倫理審査会さえ政争の具に供する始末です。

三つ目の訴訟は、政治倫理審査会の委員の選任に関するものです。審査会は公正な第三者機関です。たいていの条例は、首長が「公正を期して」有識者と市民のうちから委員を委嘱すると定めています。ところが、業者の接待をうけた佐賀県嬉野《うれしの》市長が条例違反の疑いで審査会を設置した際、市の顧問である行政法学者を委員に委嘱しました。

審査終了後に、その事実を知った市民団体は、審査会委員と市顧問の兼務は「利益相反」に当たり違法として、委嘱の取消しと損害賠償を市に求める住民訴訟を起こしました。審査会を傍聴した市民らは、同委員が審査会副会長として議論を終始リードし、「市長に条例違反なし」の結論に導いたと考えたからです。

しかし、佐賀地裁で住民側は敗訴（二〇二〇年五月一五日判決）。控訴したものの、福岡高裁でも棄却（同年一〇月二日判決）。住民側は上告を断念し、判決は確定しました。

さて、こんなくだくだしい話をしたのはほかでもありません。センのいう「立法化の道」がいかに険しいかを知っていただきたかったからです。

法理論も必要です。あるべき論も結構です。が、現実を知らぬきれいごとは聞き飽きました。必要なのは実践です。リクツで世の中は変わりません。

市民立法運動は身も蓋もなくいえば、市民による議会の〝多数派工作〟です。市民が議会の多数派を口説き落として、市民案に沿った条例をつくらせることです。これは民主主義の実践にほかなりません。

民主主義は制度ではなく、運動です。制度としての「民主制」は、民主主義への運動なしには機能しません。「議会制民主主義」とか、「議会は国民の代表機関」とか、「多数決は民主主義のルール」とかいうのはすべて〝擬制〟であることを、わたしたちは本書でみてきました。

しかし、わたしたちは観客でも、評論家でもありません。この現実世界に喜怒哀楽にまみれて生きています。わたしたちが政治を見限っても、政治がわたしたちを捕らえて離しません。それに気づいたとき、人々は立ち上がります。一人ひとりは微力であっても。

むすび

――いやまあ、とんだ長談義を聞かされたものだ。それでお前さん、結論はどうなんだ。多数決は民主主義のルールか、なんて大上段にふりかざしておきながら。

そうおっしゃりたいのでしょう。よろしい、答えましょう。

答えは、民主主義が多数の支配を意味するなら、イエスです。しかし、民主主義は人民の自己統治であって、多数の支配ではありません。

民主主義が人民の自己統治を意味するのなら、答えはノーです。多数決は民主主義に固有のルールではありません。政治体制のいかんを問わず、集団の意思決定に多数決はつきものです。

答えはハッキリしています。でも……それでも、なぜか釈然としません。この解答で、わたしたちはなにを得たのか。どうすればいいのか。

どうやら、わたしたちは問いの立て方を間違えていたようです。問題の核心は、なにごとも多数決できめてよいのか。多数決に限界がありはしないか、ということだったのです。

だから、改めて問い直しましょう。

多数決に限界はあるのか?

あります。普遍的人権を侵害してはならない、という限界です。むろん、この限界は確たるものではありません。人権は抗議概念である以上、時代と社会により変わるのは当然です。ただ、なにが多数決の限界としての人権かを終局的に決めるのは、わたしたちの意識と行動でしょう。

いやはや、なんとも頼りない結論――と思われるかもしれません。しかし、それは人生が頼りなく、不確かで、試行錯誤に満ちているからであって、多数決が悪いのではありません。悪いのは、多数決の使い方です。

あとがき

しんねりねっちりと長たらしい議論に付き合っていただき、お疲れさまでした。お茶でもご一緒したいところです。

この本を書いたのは、なにごとにつけ多数決万能の世の風潮にうんざりしていたからです。とくに政治の領域はひどいもので、安倍政権の一強多弱ぶりは目に余りました。本稿をほぼ書き終えたとき、首相は持病の悪化で突如、辞任しましたが、前政権の継承を自任する菅政権に政治刷新はとうてい期待できません。

「多数決は民主主義のルールだ」という建前と「多数の横暴」の実態とのあいだにはギャップがあります。多数の横暴とは多数の専制、つまり少数派の人権を抑圧することです。これは立憲主義（憲法に従った政治）に反します。

だから、多数決は万能ではありません。「限界」があります。そのことを忘れると、多数決は民主主義どころか、強権的全体主義に利用されかねません。そのリスクは昨今、急速に高まっています。

わたしが三年前に『ポピュリズムと司法の役割——裁判員制度にみる司法の変質』（花伝社）を書いたのは、そんな危機感からでした。裁判員制度は「司法の民主化」のためと称して、国民の司法参加を義務づけています。しかし、司法は「法の支配」の守り手であって、なんでもかんでも「民主化」すればよいというものではありません。

実はそのころから、わたしの念頭には本書のテーマが浮かんでいました。前著で司法における多数の専制を批判したのに対して、政治における多数の支配を正面からとりあげねばなるまいと思ったのです。それが多数決と民主主義というテーマにつながったのは、わたしにとっては自然のなりゆきでした。そんないきさつから、本書には前著と重なる部分があることをお断りしておかねばなりません。

この小著が、民主主義と多数決のあり方を考え直すきっかけになれば幸いです。

引用文献

ルソー『社会契約論』桑原武夫・前川貞次郎訳（岩波文庫、一九五四年）
プラトン『国家』上・下、藤沢令夫訳（岩波文庫、一九七九年）
ベンサム『道徳および立法の諸原理序説』山下重一訳（「世界の名著」中央公論社、一九六七年）
ロック『市民政府論』鵜飼信成訳（岩波文庫、一九六八年）
ケルゼン『一般国家学』清宮四郎訳（岩波書店、改版一九六一年）
ハンス・ケルゼン『民主主義の本質と価値　他一編』長尾龍一・植田俊太郎訳（岩波文庫、二〇一五年）
三浦まり『私たちの声を議会へ――代表制民主主義の再生』（岩波現代全書、二〇一五年）
A・H・バーチ『代表――その理論と歴史』河合秀和訳（福村出版、一九七二年）
J・S・ミル『代議制統治論』水田洋訳（岩波文庫、一九九七年）
シュムペーター『資本主義・社会主義・民主主義』中山伊知郎・東畑精一訳（東洋経済新報社、新装版一九九五年）
マックス・ヴェーバー『職業としての政治』脇圭平訳（岩波文庫、一九八〇年）

トクヴィル『アメリカのデモクラシー』第一巻上・下、松本礼二訳（岩波文庫、二〇〇五年）
A・ハミルトン、J・ジェイ、J・マディソン『ザ・フェデラリスト』斎藤眞・中野勝郎訳（岩波文庫、一九九九年）
モンテスキュー『法の精神』上・中・下、野田良之・稲本洋之助・上原行雄・田中治男・三辺博之・横田地弘訳（岩波文庫、一九八九年）
ハンナ・アレント『革命について』志水速雄訳（ちくま学芸文庫、一九九五年）
デイヴィッド・ミラー『はじめての政治哲学』山岡龍一・森達也訳（岩波現代文庫、二〇一九年）
アマルティア・セン『人間の安全保障』東郷えりか訳（集英社新書、二〇〇六年）
国連人間の安全保障委員会報告書『安全保障の今日的課題』人間の安全保障委員会事務局訳（朝日新聞社、二〇〇三年）
トニー・エバンス「民主化と人権」『変容する民主主義――グローバル化のなかで』（A・マッグルー編）所収。松下冽監訳（日本経済評論社、二〇〇三年）
エーリッヒ・フロム『正気の社会』加藤正明・佐瀬隆夫訳（社会思想社、一九五八年）
カール・レーヴェンシュタイン『新版・現代憲法論』阿部照哉・山川雄巳訳（有信堂、一九八六

年）
クレイグ・オリヴァー『ブレグジット秘録――英国がEU離脱という「悪魔」を解き放つまで』江口泰子訳（光文社、二〇一七年）
福田直子『デジタル・ポピュリズム――操作される世論と民主主義』（集英社新書、二〇一八年）
L・T・ホブハウス『自由主義――福祉国家への思想的転換』吉崎祥司監訳（大月書店、二〇一〇年）
A・V・ダイシー『法律と世論』清水金二郎訳・菊池勇夫監修（法律文化社、一九七二年）
カール・シュミット『現代議会主義の精神史的状況　他一編』樋口陽一訳（岩波文庫、二〇一五年）
C・シュミット『憲法理論』尾吹善人訳（創文社、一九七二年）
山口定『ファシズム』（岩波現代文庫、二〇〇六年）
ウンベルト・エーコ『永遠のファシズム』和田忠彦訳（岩波現代文庫、二〇一八年）
斎藤文男『政治倫理条例のすべて――クリーンな地方政治のために』（公人の友社、二〇一六年）

参考文献

坂井豊貴『多数決を疑う――社会的選択理論とは何か』(岩波新書、二〇一五年)
早川誠『代表制という思想』(風行社、二〇一四年)
待鳥聡史『代議制民主主義――「民意」と「政治家」を問い直す』(中公新書、二〇一五年)
糖塚康江『議会制民主主義の活かし方――未来を選ぶために』(岩波ジュニア新書、二〇二〇年)
山本圭『現代民主主義――指導者論から熟議、ポピュリズムまで』(中公新書、二〇二一年)
丸山俊一・NHK「欲望の民主主義」制作班『欲望の民主主義――分断を越える哲学』(幻冬舎新書、二〇一八年)
NHK取材班『AI vs. 民主主義――高度化する世論操作の深層』(NHK出版新書、二〇二〇年)
H・J・ラスキ『近代国家における自由』飯坂良明訳(岩波文庫、一九七四年)
エーリッヒ・フロム『自由からの逃走』日高六郎訳(東京創元社、一九五一年)
エーリック・フォーナー『アメリカ 自由の物語――植民地時代から現代まで』上・下、横山良・竹田有・常松洋・肥後本芳男訳(岩波書店、二〇〇八年)
樋口陽一『リベラル・デモクラシーの現在――「ネオリベラル」と「イリベラル」のはざまで』

（岩波新書、二〇一九年）
マイケル・イグナティエフ『ライツ・レヴォリューション――権利社会をどう生きるか』金田耕一訳（風行社、二〇〇八年）
申惠丰『国際人権入門――現場から考える』（岩波新書、二〇二〇年）
マシュー・ロンゴ『国境の思想――ビッグデータ時代の主権・セキュリティ・市民』庄司克宏監訳（岩波書店、二〇二〇年）

斎藤文男（さいとう・ふみお）
1932年和歌山県生まれ。1956年京都大学法学部卒業、58年大阪市立大学大学院法学研究科修了。同法学部助手。1961年九州大学教養学部講師、助教授をへて同法学部教授、同大学院教授を併任。専攻は憲法学。1996年定年退官、名誉教授。
主な著書
『問われた報道の自由』（編著）法律文化社、1971年
『知る権利——マスコミと法』（共著）有斐閣、1974年
『子どもたちは平和をつくれるか』（編著）現代書館、1994年
『政治倫理条例のつくり方——地方からの政治改革』自治体研究社、1999年
『指定管理者制度と情報公開』自治体研究社、2006年
『政治倫理条例のすべて——クリーンな地方政治のために』公人の友社、2016年
『ポピュリズムと司法の役割——裁判員制度にみる司法の変質』花伝社、2018年
ほかに訳書、H・I・シラー『世論操作』青木書店、1979年。コラム集『冷めた紅茶』『ちびた鉛筆』現代書館、1989年、92年

多数決は民主主義のルールか？

2021年4月20日　初版第1刷発行
2021年7月10日　初版第2刷発行

著者 ——斎藤文男
発行者 —平田　勝
発行 ——花伝社
発売 ——共栄書房
〒101-0065　東京都千代田区西神田2-5-11出版輸送ビル2F
電話　03-3263-3813
FAX　03-3239-8272
E-mail　info@kadensha.net
URL　http://www.kadensha.net
振替 ——00140-6-59661
装幀 ——北田雄一郎
印刷・製本—中央精版印刷株式会社

©2021　斎藤文男
本書の内容の一部あるいは全部を無断で複写複製（コピー）することは法律で認められた場合を除き、著作者および出版社の権利の侵害となりますので、その場合にはあらかじめ小社あて許諾を求めてください
ISBN978-4-7634-0964-5 C0036

ポピュリズムと司法の役割

裁判員制度にみる司法の変質

斎藤文男

定価（本体 1500 円＋税）

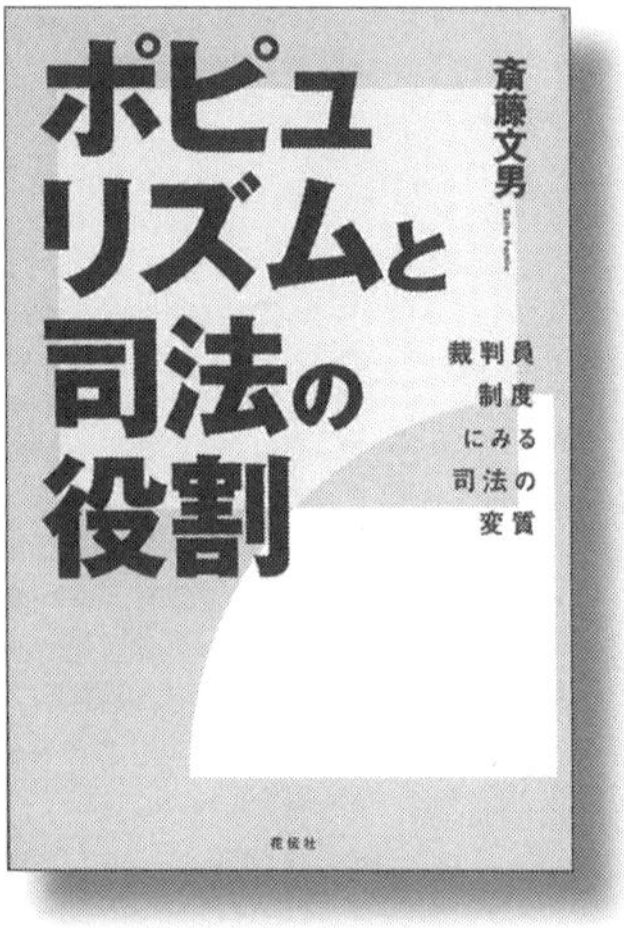

ポピュリズムが蔓延する世界を
司法は抑止できるのか

法の支配を堅持し、権力の抑制と均衡を図る“人権の砦”である司法が、いま、おかしい。

裁判員制度が示す、グローバル化における国家の変容、政府の役割の変化、そして司法のポピュリズム化——